Willkommen in Gotha!

„Es gibt wenige Städte in Deutschland, welche gleich bei dem ersten Anblick das Auge des Fremden so zu fesseln vermögen, wie die Haupt- und Residenzstadt Gotha. Während beim Verlassen des Eisenbahnzuges der schöne Thüringer Wald aus nicht allzu großer Entfernung herübergrüßt, wird man nach dem Durchschreiten des Bahnhofs-Empfangsgebäudes überrascht von dem herrlichen Panorama, welches sich vor den Blicken auftut. Aus dem prächtigen Grün wohlgepflegter Gärten leuchten stattliche Villen und die stolzen Paläste der Gothaer Banken, dahinter aber erhebt sich, umgeben vom einem breiten Baumkranze, der gewaltige Bau des Schlosses Friedenstein."

Wunderschöne Worte, mit denen der Hausbesitzer-Verein zu Gotha in seinem „Führer durch die Haupt- und Residenzstadt Gotha" am Anfang des 20. Jahrhunderts Fremde und Einheimische von den Vorzügen Gothas überzeugt. Mehr als einhundert Jahre später hat sich die bekannte thüringische Metropole zwar gewaltig verändert, doch hat sie den Charme der Vergangenheit für eine moderne Zukunftsfähigkeit bewahrt.
Unser Buch „Gotha*Welt*Erbe*Stadt" ist ein Spaziergang durch die Geschichte, ein Bummel entlang der Straßen, über Plätze hinweg und mitten hinein in Parkanlagen. Wir möchten Sie führen, hinleiten zu einer Begegnung mit weltweiten Entwicklungen, die in Gotha ihren Ursprung haben, aber auch in eine Auseinandersetzung mit dem Erbe, verwoben in ein Gespräch mit den Menschen von heute in einer modernen Stadtgesellschaft.

Die Fassade des Perthesforum Gotha – Spiegel der Stadtgeschichte

Gotha, in der Mitte Thüringens, zwischen UNESCO-Weltkulturerbe Wartburg bei Eisenach und UNESCO-Weltnaturerbe Buchenwälder im Hainich, liegt mit seinem reichen Erbe sozusagen am Pulsschlag von Deutschlands „Grünen Herzen". Gotha ist eine besondere Stadt und unter den Orten der Thüringer Städteperlenkette sprichwörtlich der glänzende Rubin. Thüringens Residenzen Eisenach, Gotha, Erfurt, Weimar, Jena, Gera, Greiz und Altenburg liegen so dicht aneinander wie Perlen im Diadem Europas. Man kann wahrlich von den Thüringer Kronjuwelen sprechen, die zwar seit 1990 unterschiedlich geschliffen wurden, doch ein unverwechselbares gemeinsames Strahlen besitzen. Interessant in dieser Betrachtung erscheint, dass der Staat Sachsen-Gotha-Altenburg im 17. und 18. Jahrhundert der größte und bedeutendste Staat der ernestinischen Herzogtümer war und sich einst über ganz Thüringen von Nazza bei Eisenach im Westen bis nach Altenburg im Osten erstreckte. Man darf zu Recht davon ausgehen, dass über Jahrhunderte hinweg von der Hauptstadt Gotha wesentliche Entscheidungen zur Entwicklung Thüringens ausgingen. Im 18. Jahrhundert entfaltete Gotha als Wissenschafts- und Kulturzentrum eine besonders starke Ausstrahlung – nicht zuletzt deswegen, weil die revolutionäre Literaturströmung „Sturm und Drang" hier 1776 von den jungen Dichtern Christoph Kaufmann und Friedrich Maximilian Klinger aus der Taufe gehoben wurde.

„Gotha*Welt*Erbe*Stadt" ist ein Spaziergang durch eine alte Residenz, in der die Welt durch Kartographen um Justus Perthes und Hermann Haack in Atlas und Karte einst Farbe bekam. Es ist eine universale Spurensuche, um Schätze aus Kunst, Kultur und Natur zu entdecken, die selten geworden sind auf unserem Planeten. Und Sie dürfen, ganz im Sinne einer Versicherung auf Gegenseitigkeit, sich nicht wundern, dass dieses Buch einer Liebeserklärung gleicht, Sie durch eine außergewöhnliche Stadt und hin zu ihren Menschen führen wird.

Mit Karl dem Großen beginnt der Ernst

Gestatten, mein Vorname ist Ernst. Sicherlich denken Sie jetzt zuerst an Herzog Ernst den Frommen, doch wie es immer so ist, der Regent hatte keine Zeit, und so darf ich Sie auf dieser Entdeckungsreise durch eine

Erfurter Straße mit Blick zum Arnoldiplatz

Blick über Arnoldis Schulter in die Erfurter Straße

wundervolle Stadt begleiten. Ich bin ein anderer Ernst. Und zwar Ernst Wilhelm Arnoldi. Geboren am 21. Mai 1778, habe ich bis zum 27. Mai 1841 immer in meiner Geburtsstadt Gotha gelebt. Von Beruf bin ich ein Kaufmann, und darum will ich Ihnen mein Gotha ans Herz legen, denn mein Credo „Du lebst für Dich, wenn du für Andere lebst" heißt für uns heute: „Du gehst für Dich, wenn du mit Anderen gehst!"

Ja, das Leben in meiner Stadt, das will ich Ihnen zeigen. Kennen Sie eigentlich die einzige europäische Stadt, in der sich mit „Via Romea" und „Via Regia" zwei bedeutende Handelswege des Mittelalters kreuzen? Die „Via Romea" führt vom norwegischen Trondheim bis ins italienische Rom, verläuft sozusagen von Nord nach Süd. Die andere Richtung, nämlich von Ost nach West, nimmt die „Via Regia" – vom ukrainischen Kiew kommend, verläuft sie bis ins spanische Santiago de Compostela. Schnittpunkt beider europäischer Handelswege ist Gotha. Und so beginnt unser Spaziergang auch an einer historischen Stelle, wo sich heute Straßen- und Schienenwege mit Radfahrverbindungen und Wanderwegen kreuzen. Der Platz vor dem Bahnhofsgebäude mit den „Fünf Säulen von Gotha" ist eine

Hommage an die erste urkundliche Erwähnung der Stadt: Den königlichen Besitz in der „villa gotaha“ gab Kaiser Karl der Große am 25. Oktober 775 an sein Reichskloster Hersfeld und ließ den Ort damit in die schriftlichen Überlieferungen eintreten. Oft wird der Stadtname als „Ort des guten Wassers“ gedeutet, doch naheliegender ist, dass die ersten sechs Bauernhöfe an einem Kanal (goth = gosse) des Wassers (aha) lagen. Als früh erwähnter Ort am Kanal des Wassers ist Gotha damit noch lange nicht ein Venedig nördlich der Alpen, denn Wasser fehlte oft in der Entwicklung der Stadt.

Fünf Säulen für Gotha vor dem Hauptbahnhof

Die Bahnhofstraße

Vom Bahnhof Gotha starten seit 1847 Züge (heute ICEs und ICs sowie Regionalbahnen in alle Himmelsrichtungen) und schaffen kurze Wege von und nach Gotha. Verlässt der Reisende das Bahnhofsgebäude, so hat er im wahrsten Sinne des Wortes den freien Blick in die Stadt hinein, und man ist verzaubert von dem vielen Grün, das unter stattlichen Bäumen liegt. Hinter großzügigen Vorgärten zeigen sich geschmackvolle Villen, die einst von den Gothaer Versicherungen errichtet worden sind.

»**Übrigens:** *Die Gründung des ersten großen überregional tätigen Versicherungsvereins auf Gegenseitigkeit am 2. Juli 1820 war eines meiner Werke. Doch damit nicht genug, ich ließ am 9. Juni 1827 die Gründung der ersten deutschen Lebensversicherung folgen.*«

Beide Unternehmen tragen als GOTHAER seit mehr als 200 Jahren den Namen der Gründungsstadt, auch wenn sie nach 125-jähriger Tätigkeit im Herbst 1945 wegen eines Verbots der sowjetischen Militäradministration die Gründungsstadt verlassen mussten und heute in Köln ihren Sitz haben. Die Versicherungspaläste jedoch sind erhalten und bestimmen den nachhaltigen Eindruck der Bahnhofstraße.
Besonders schmuckvoll ist dabei der 1893–1894 vom Architekten Bruno Eelbo errichtete Palast in der Bahnhofstraße 3a. Hier haben das Thüringer Finanzgericht, das Thüringer Sozialgericht sowie das Deutsche Versicherungsmuseum (das meinen Namen trägt) ihren Sitz. Bevor jemand hinter den Türen zu diesem Museum verschwindet, werfen wir noch einmal einen Blick auf die gegenüberliegenden Gebäude, wo Studentinnen und Studenten der Thüringer Verwaltungsfachhochschule ein modernes Bildungszentrum vorfinden. Daneben die stolze Villa Albany in der Bahnhofstraße 2–4. Im Jahr 1850 errichtet, verdankt sie ihren Namen dem Enkel von Queen Victoria und Prinzgemahl Albert. Als Charles Edward Duke of Albany geboren, war Carl Eduard Herzog von Sachsen-Coburg und Gotha von 1905 bis 1918 der letzte Herzog des Staates Sachsen-Coburg und Gotha.
Wir sollten nicht unbeachtet vorübergehen an dem kleinen, weit eingerückten Haus Bahnhofstraße 5, in dessen Vorgarten eine Gedenktafel an Detlev Karsten Rohwedder erinnert. Der in diesem Haus aufgewachsene erste Präsident der Treuhandanstalt verlor sein Leben 1991 durch einen bis heute nicht aufgeklärten terroristischen Anschlag.

Das Versicherungsmuseum in Gotha

Die Friedrichstraße

Am Marstall startet der Gang in die Friedrichstraße

Auf der ersten Kreuzung unseres Weges angekommen, trifft die Schöne Allee mit ihren prächtigen Baumkronen am Porzellanschlösschen auf die Parkallee. Dort lässt links der einstige turmbekrönte Herzogliche Marstall den Blick bergab gleiten zur Friedrichstraße, jener breiten, kunstvoll angelegten Allee, die ins pulsierende Leben der Stadt führt. Ganz unten in der Schönen Allee 19 steht das Haus des Verlegers Emil Perthes, dem zu Weihnachten 1879 mit der Erstausgabe von „Heidi's Lehr- und Wanderjahre" von Johanna Spyri ein Kinderbuch-Welterfolg gelang.

Doch wir dürfen diese Weggabelung nicht verlassen, ohne dem Haus Mozartstraße 1 unsere Aufwartung zu machen. Im Volksmund liebevoll Prinzenpalais genannt, gingen hier zu DDR-Zeiten die Kinder und Jugendlichen zum Tanz und übernachteten in der Jugendherberge. Das 1776 errichtete Palais ist einer der frühesten Bauten des Klassizismus

Das Prinzenpalais ...

... und die Stadtbibliothek „Heinrich Heine“ im Winterpalais

in Deutschland und wurde vom Bruder des damals regierenden Herzogs in Auftrag gegeben. Prinz August von Sachsen-Gotha-Altenburg nutzte sein Wohnhaus als Dichterort, denn nicht nur Johann Wolfgang von Goethe, sondern auch Johann Gottfried Herder und Christoph Martin Wieland kehrten gern hier ein. Der Prinz, selbst musikalisch tätig, war einer der ersten deutschen Gitarrenspieler. Es muss die Italienerin Regina Strinasacchi gewesen sein, die die Gitarre aus ihrem Heimatland mitbrachte und Gothas Instrumentenbauer zum Nachbau anregte, denn der „Vater des deutschen Gitarrenbaus", Jakob August Otto, ist 1763 in Gotha geboren. Regina, vor allem bekannt als Violistin, war die erste Frau der Welt, die eine Kapelle dirigierte. Sie musizierte nicht nur in Gotha, sondern gab mit ihrem Mann Conrad Schlick auch das erste Gitarrenkonzert im Gewandhaus Leipzig. Im 19. Jahrhundert war das Prinzenpalais Gästehaus des Herzogs – hier logierten beispielsweise der Walzerkönig Johann Strauss oder die Komponisten Giacomo Meyerbeer und Franz Liszt. Nach Jahren des Verfalls hat die AWO Thüringen das Haus 2017–2019 als moderne Wohnanlage saniert.

Der Friedenskuss „Friede ernähret. Unfriede verzehret" ist in Gotha allgegenwärtig

Vier Herzöge aus dem Hause Sachsen-Gotha-Altenburg trugen den Vornamen Friedrich, und ihnen zu Ehren wurde der Straßenname gewählt. Der erste von ihnen ließ das schlichte Schloss Friedenstein des Vaters in einen barocken Prachtbau verwandeln. Der zweite schuf ab 1708 das Schloss Friedrichsthal nach dem Vorbild von Versailles. Schade, dass der einstige Spiegelsaal nicht mehr erhalten ist. Im Schloss wohnten im August 1845 Queen Victoria, Prinzgemahl Albert sowie Leopold, der erste König der Belgier, und seine Frau anlässlich eines Besuches in Gotha. Heute ist die Staatliche Schule für Bau, Wirtschaft und Verkehr hier zu Hause. Ihre Wurzeln reichen bis zur 1805 gegründeten ältesten deutschen Bauschule zurück.

Wenden wir diesem Schloss den Rücken zu, so kommen wir ins Verzücken, denn ab Mitte des 18. Jahrhunderts ließ Herzog Friedrich III. an dieser Stelle die wohl schönste Orangerie Europas errichten. Fehlt ihr auch seit einem Luftangriff vom 24. Februar 1945 der vierte Trakt, so ist die Orangerie gerade in der Zeit der Blüte ein duftend-farbiges Idyll. Berühmt für ihre seltenen Zitrusfrüchte, wurde nach fast einhundertjäh-

Alljährliche Blütenpracht in der Orangerie

Eine der größten Orangerie-Anlagen Europas

riger Pause 2008 die Zucht erfolgreich wiederaufgenommen. Schmucke Bänke laden zum Verweilen und Entspannen ein.

Wer sich niederlässt, so wie ich es oft und gerne tat, der blickt in die Justus-Perthes-Straße, wo die einstigen Verlagsgebäude des 1785 gegründeten kartografischen Verlages stehen. Nach umfangreicher Sanierung des alten Firmensitzes konnte im Jahr 2015 das PERTHESFORUM GOTHA als Depot und Werkstätte der Kunstsammlungen auf dem Friedenstein eröffnet werden. Unter modernsten Forschungsbedingungen können im Haus Dokumente des Staatsarchivs Gotha aus den vergangenen 1000 Jahren genutzt werden, und auch das größte kartografische Erbe Europas ist am Originalstandort erhalten geblieben.

Der Friedrichstraße folgend, liegen links Hofgärtnerhaus und Winterpalais. Ab 1821 Wohnhaus der Herzogin Caroline Amelie von Sachsen-Gotha-Altenburg, konnte nach totalem Verfall und umfassender Sanierung am 28. März 2014 im Palais die moderne Stadtbibliothek „Heinrich Heine“ eröffnet werden. Dieser Bildungsort, der mit dem Namen seines Veranstaltungs-Saales an den berühmten Lyriker und langjährigen Leiter Hanns Cibulka erinnert, ist bereits mehrfach ausgezeichnet und trägt

Das Tor zum Schlosspark der Orangerie

den Titel „Beste Bibliothek Deutschlands“. Viele Schriftstellerinnen und Schriftsteller sind immer wieder zu Gast im Haus. Besonders gern gehört werden dabei die Lesungen der gebürtigen Gothaer Literatinnen Kathrin Schmidt und Miku Sophie Kühmel sowie der ersten Gothaer

Englischer Baustil im Park – die alte Ausstellungshalle

Ehrenbürgerin Sigrid Damm. Auf große Resonanz stoßen auch die Tierbücher und Tierfilme von Andreas Kieling. Der in Gotha geborene Dokumentarfilmer fand hier die bildgewaltige Leidenschaft zur Natur.
Wer schnell den Weg zum höchsten Aussichtspunkt der Stadt sucht, der kann am Siebleber Wall zum Nordportal des Schlosses abbiegen. Der Weg führt vorbei an der neu errichteten alten Münze und der wundervoll sanierten Ausstellungshalle von 1907. In der alten Münze verbrachte die Übersetzerin Margarete Jacobi 1849–1866 ihre Jugend- und erste Schaffenszeit. Wir verdanken ihr die deutsche Übersetzung von Mark Twains „Tom Sawyers Abenteuer und Streiche" oder Harriet Beecher Stowes Roman „Onkel Toms Hütte". Zudem übersetzte sie Arthur Conan Doyles Sherlock-Holmes-Geschichten. Dessen detektivische Spitzfindigkeit hat wahrscheinlich auch Max Roderich angesteckt; seine Geburt am „Tatort Gotha" machte ihn im 19. Jahrhundert zu einem Wegbereiter der deutschen Kriminalliteratur.

Der Ekhofplatz

Der großzügige freie Raum wird gesäumt vom Neuen Rathaus im Süden, dem Bohnstedt-Bau im Westen und dem Theater der Stadt im Norden. Er trägt den Namen Ekhofplatz und ist dem „Vater der deutschen Schauspielkunst" Conrad Ekhof gewidmet, der 1775 in Gotha das erste deutsche Theater eröffnete. Am Rande des Platzes, vor der 1873–1877 von Ludwig Bohnstedt erbauten Privatbank, steht das Ekhof-Denkmal, geschaffen 2020 von dem Künstler Gert Weber.
In der Mitte des Ekhofplatzes innehaltend, gedenken wir eines aufrechten Menschen, dessen Handeln am Ende des Zweiten

Das Conrad-Ekhof-Denkmal

Das Hauptpostamt und ...

Weltkrieges die Zerstörung der Stadt Gotha verhinderte. Der im österreichischen Graz geborene Offizier Josef Ritter von Gadolla kam 1943 nach Gotha, wo er im Februar 1945 die Funktion des Standortältesten übernahm. In dieser Aufgabe fertigte er Anfang April den Befehl *„Truppen rücken in Linie Erfurt-Arnstadt ab. Gotha wird nicht verteidigt“* und setzte seine Unterschrift *„Josef Ritter von Gadolla“* darunter. Er ließ die Stadt Gotha weiß flaggen, fuhr den amerikanischen Streitkräften entgegen und wurde von deutschen Soldaten verhaftet, misshandelt und nach Weimar gebracht. Am 4. April 1945 übernahmen die amerikanischen Streitkräfte kampflos Gotha –die erste Stadt Thüringens, wo der Krieg beendet wurde und der friedliche Aufbau beginnen konnte. Gadolla hingegen wurde in Weimar für sein Handeln zum Tode verurteilt und am 5. April 1945 standrechtlich hingerichtet. Sein Grab ist bis heute nicht gefunden. Zwischen 1995 und 2018 hat die Stadt Gotha die Rehabilitierung Gadollas und die Anerkennung seines Lebenswerkes erreicht. Am 17. Mai 2018 ist er posthum zum Ehrenbürger Gothas ernannt worden. Sein letzter Satz *„Damit Gotha leben kann, muss ich sterben“* bleibt Verpflichtung für Generationen.

Es war ein Feuer in den letzten Tagen des Zweiten Weltkrieges, in dem das Landestheater Gotha unterging. Der wertvolle Bau nach Entwürfen von Karl Friedrich Schinkel stand bis zum Jahr 1957 als Ruine im Stadtbild. Den von der Bürgerschaft gewünschten Wiederaufbau lehnte die DDR-Regierung ab. Sie ließ das Landestheater abbrechen, und es entstanden 1960 und nach erneutem Abriss 1997 neue Wohn- und Geschäftsbauten.

Das Theater der Stadt ist im Kontext der langen Stadtgeschichte ein junges Gebäude. Anstelle der 1937 von den Nationalsozialisten abgerissenen Freimaurerloge errichtete man die „Lichtspiele am Karolinenplatz" (LIAK), die am 30. Dezember 1940 mit dem Film „Rosen in Tirol" eröffnet wurden. Das nach dem Zweiten Weltkrieg in Lichtspiele am Leninplatz (LIAL) umbenannte Haus wurde im Jahr 1973 zu einem modernen Kreiskulturhaus ausgebaut, das heute als Theater der Stadt ein breites Konzert- und Theaterprogramm bereithält. Viele Konzerte der Thüringen Philharmonie Gotha-Eisenach, deren Geschichte bis ins Jahr 1651 zurückreicht, sind hier im Haus. Dem Satz eines Engländers aus dem Jahr 1773, *„Zu Gotha ist eine gute Kapelle ..."*, ist eigentlich nichts hinzuzufügen, außer der Feststellung: *„Zu Gotha ist die beste Philharmonie!"*

... direkt daneben das Theater- und Konzerthaus der Stadt

Am Tor zur östlichen Altstadt

Ein Blick links in die Siebleber Straße und in die Schwabhäuser Straße zeigt, dass junge Familien in einer alten Stadt wunderschöne Wohnplätze finden können. Unser Weg führt vorbei am alten Hauptpostgebäude, worin man heute nicht nur Briefe abgeben, sondern in modernen Wohnungen auch welche schreiben kann.

*»**Übrigens** steht hier das erste mir zu Ehren errichtete Denkmal aus dem Jahr 1843. Bis 1969 hatte es seinen Standort auf dem Arnoldiplatz, musste aber dem Bau der ersten Fußgängerzone der DDR weichen.«*

Arnoldi-Denkmal in der östlichen Altstadt

Der Verein für Stadtgeschichte entdeckte Teile des Denkmals wieder und erreichte mit Spenden einen Wiederaufbau im Jahre 2003. Mitten in einer duftigblühenden bienenfreundlichen Wiese hat es heute einen schönen Standort gefunden.

Hinter dem Denkmal schlängelt sich die Ordonanzgasse den Berg hinab. Dort ist der Willkommensplatz für Gäste, die mit dem Auto anreisen und sich nun unserem Spaziergang anschließen.

Wir sehen, mit Blick in die Mönchelsstraße, Beispiele modernen Wohnens und Arbeitens. Ein Miteinander am Eingangstor zur östlichen Altstadt, dessen Wiederaufbau mit geschmackvollen modernen Bauten in den Jahren 1991–1994 wir dem Ehrenbürger der Stadt Gotha, Dr. Edgar Jannott, zu

Die Erfurter Straße lädt zum Einkaufen und Verweilen ein

verdanken haben. Der Brunnen an dieser Eingangspforte, der den Verlauf des guten Wassers und damit den Stadtnamen im Boden kenntlich macht, ist eine Hommage an diese Pionierleistung.
Unser Standort gestattet einen Blick ins Innenleben der „Gothaner", wie der Volksmund das hier lebende Völkchen nennt. Sie besitzen oft unerklärlichen Witz. So nennen sie das Haus Huttenstraße 2 „Kreml", obwohl hier niemals ein russischer Staatschef residierte. Und das unscheinbare kleine Haus daneben, am Arnoldiplatz 1, bezeichnen sie als Katholischen Bahnhof, obwohl hier nie ein Zug nach Rom abfuhr.

Erfurter Straße und Arnoldiplatz

Ein Platz mit meinem Namen, wo das Denkmal entfernt war, sollte wieder eines erhalten. Darum haben im Jahr 1991 in Erinnerung an die Wiedervereinigung die GOTHAER Versicherungen dem Hallenser Künstler

Hier wird's eng, die Waisengasse

Bernd Göbel den Auftrag zu einem Ebenbild meiner Person gegeben. Nun sitze ich hier und beobachte täglich das pulsierende Leben auf dem Arnoldiplatz und in der Erfurter Straße, die uns immer näher zum Stadtzentrum führen wird. Sie ist eine der großen Geschäftsstraßen Gothas. Seit Anfang des 20. Jahrhunderts hat sie zwei Kaufhäuser. In den Wohnhäusern verschiedenster Bauepochen laden schöne kleine Geschäfte zum Kaufen ein.

Eine lebendige Innenstadt mit vielen abwechslungsreichen Angeboten ist das gemeinsame Ziel von Stadtverwaltung und Gewerbeverein Gotha.

*»**Übrigens**, ich war dabei, als der Gewerbeverein im Jahr 1822 von Herzog Emil Leopold August genehmigt worden ist und seine Tätigkeit zum Wohle der Stadt aufnahm.«*

Die Waisengasse

Wer sich durch die Einkaufenden drängelt, der hat kaum ein Auge für die kleinen engen Gassen rechts und links der Einkaufsstraße. Nur die wenigsten entdecken den vielfach versteckten Schmuck alter Fassaden oberhalb der Schaufenster. Man darf ruhig einmal hineingehen in diese Gassen, die manche gastfreundliche Überraschung bereithalten. Doch so eng wie diese kleine Gasse, vor der wir nun stehen, ist keine. Die Waisengasse erinnert an das ehemalige Waisenhaus, das mitten in der Stadt stand. Eine soziale Entscheidung, denn keiner sollte sich wegen seines Standes ausgegrenzt fühlen.

Bevor der Neumarkt erreicht ist, wo der imposante Bau der gotischen Margarethenkirche die Aufmerksamkeit auf sich zieht, machen wir erst einen Zwischenstopp am Neumarkt 26. Hier wohnte die Familie Scheidler, deren berühmtestes Mitglied, Karl Hermann Scheidler, das Wartburgfest der Burschenschaften 1817 in Eisenach eröffnete und dabei die deutschen Farben Schwarz-Rot-Gold definierte. Seine Schwester, die Harfenistin Dorette Scheidler, heiratete 1806 den Komponisten Louis Spohr, der sie mit den schönen Worten umwarb „...wollen wir fürs Leben gemeinsam musizieren?". Spohr kam 1805 als junger Kapellmeister nach Gotha und prägte mit dem Deutschen Musikfest 1812 und der Freundschaft zu Carl Maria von Weber sowie unzähligen berühmten Schülern das Musikleben der Stadt.

Die Margarethenkirche

Durch das Hochzeitsportal des Gothaer Bildhauer Christian Behrens, flankiert von den Skulpturen der Reformatoren Martin Luther und Philip Melanchthon, betritt der Besucher die auf uralten Grundmauern in den

Margarethenkirche mit Orgel und Empore

Luther-Staue am Hochzeitsportal der Margarethenkirche

Jahren 1494–1542 errichtete schlichte Hallenkirche. Johannes Langenhain predigte hier bereits 1522 als erster protestantischer Geistlicher. Die Kirche verlor ihre barocke Ausstattung durch einen Bombentreffer am 10. November 1944. Mehrere Jahre stand sie wie ein Brandmal auf dem Neumarkt. Es ist dem tatkräftigen Pfarrer Otto Linz zu verdanken, dass die Kirche von 1952 bis 1955 als Hoffnungszeichen wiederaufgebaut werden konnte. Im Turm hängen seit dem 500-jährigen Reformationsjubiläum 2017 wieder vier Bronzeglocken, finanziert mit Spenden der Bürger. In einem Orgelgehäuse von 1632, das schon der berühmteste Gothaer Stadtkantor Johann Pachelbel kannte, baute die Firma Schuke 1961 ein großes Orgelwerk, das bei Konzerten begeistert. Pachelbels berühmtestes Werk, „Kanon und Gigue in D-Dur“, entstand in seiner Gothaer Zeit von 1692 bis 1695. Die Konzerte des Bachchores Gotha unter der Leitung der amtierenden Kirchenmusikdirektoren legen immer wieder Zeugnis ab von der großen Sangeskunst in Gotha. Die Margarethenkirche ist zudem eine Grablege der Gothaer Herzöge.

Der Neumarkt

Gern treffen sich die Menschen auf dem Neumarkt, nicht nur zum grünen Wochenmarkt. Auch bei Konzerten und Ausstellungen wird der schon 1428 erwähnte Platz gern besucht. Fast immer duftet es auf dem

Neumarkt nach einer Thüringer Bratwurst, die in langer Tradition des Gothaer Fleischerhandwerks auf Holzkohle gebraten wird. Beim Besuch eines Fleischerfachgeschäftes unbedingt nach der Cervelatwurst fragen! Diese haltbare Wurst ist seit Jahrhunderten eine Gothaer Spezialität.

Fast völlig verdeckt hinter dem großen Kirchenbau befindet sich am Neumarkt das Löfflerhaus, wo 1800 der Superintendent Josias Friedrich Christian Löffler die erste Freischule Deutschlands eröffnete. Das Haus wurde 1989 durch eine Menschenkette vor dem Abriss bewahrt und anschließend von einem Verein mühevoll saniert.

An seiner Westseite geht links die Querstraße ab, die langsam ansteigend zu den Geburtshäusern der Lexikographen Joseph Kürschner (Nr. 6) und Joseph Meyer (Nr. 5) führt, bevor wir weiter oben (Nr. 21) mit steinernem

Am Neumarkt finden der „grüne Wochenmarkt", aber auch Konzerte und Veranstaltungen statt

Wappen und Psalmenspruch das Haus der Kindheit des Hallenser Pädagogen August Hermann Francke entdecken, der 1666 bis 1679 hier lebte. Noch ein Stück höher, im Haus Querstraße 24, wohnte der Verleger Friedrich Christoph Perthes. Sein Haus war ein Dichterort. Hier schlug 1832 die Geburtsstunde der modernen Geschichts-Zeitschrift.

Fast gegenüber, im Haus mit dem „Friedenskuss", an der Ecke zur Mönchelsstraße, finden wir das Kunstforum Gotha. Den Namen verdankt diese Stätte moderner Kultur der Künstlerin Hannah Höch. Die bedeutendste Frau des Dadaismus ist 1889 in Gotha geboren.

Die Straße, die vom Neumarkt rechts zur Gartenstraße führt, ist die Lutherstraße. Wer genau hinhört, der müsste ein großes Summen vernehmen, denn ein Bienenkorb, als Relief im Sandstein an der schmucken Steinfassade Lutherstraße 2–4 aufgehauen, ist das Zeichen des fleißigen Investierens in der 1830 gegründeten Kreissparkasse Gotha.

Die Margarethenkirche hat seit 2017 ein neues Glockenspiel

»**Übrigens**, *auch ich, Ernst Wilhelm Arnoldi, habe vom ersten Tag hier mein Geld gespart.*«

Geld lässt sich in Gotha sehr gut anlegen, denn mit drei genossenschaftlichen Banken am Wege zwischen Siebleber Straße und Gartenstraße demonstriert die Gothaer Innenstadt, dass hier 1858 mit dem ersten Kongress deutscher Volkswirte der Start ins deutsche Genossenschaftswesen begann.

Das Löfflerhaus

Die Marktstraße

Der Weg führt uns geradeaus auf der Strecke der einstigen Via Regia in die Marktstraße, deren schmale Enge die beiden großen Plätze der Stadt verbindet.
Bevor wir diese Straße betreten, fällt an der Ecke des Neumarktes das Haus Marktstraße 26 mit einem ungewöhnlichen Medaillon ins Auge. Herzog Ernst der Fromme verfügte nach der Feuer-Zerstörung von 185 Häusern der Altstadt 1655, dass zum Schutz vor neuer Feuersgefahr Psalmen als Hausmarken an den Eckgebäuden anzubringen seien. Je ein biblischer Spruch sollte Schutz spenden. Und sein Wunsch ging in Erfüllung, denn die Altstadt blieb bis heute weitestgehend vom Feuer ver-

schont, und die Gothaer Psalmensprüche sind weltweit einmalig. Suchen Sie nach ihnen auch an den Ecken des Hauptmarktes.
Apropos Hauptmarkt, bevor wir dorthin weitergehen, noch schnell ein Blick hoch an der Fassade in der Marktstraße 11. Hier schwimmt uns regelrecht eine Hanse-Kogge entgegen, obwohl Gotha keine Hafenstadt ist. Der Kaufmann Otto Böhm ließ 1908 dieses Markenzeichen am Haus anbringen, und so schippert sie noch heute. Wer durch die kleinen Gassen geht und die nächsten Straßen entdeckt, der findet versteckte Gasthäuser und Weinstuben, aber auch das moderne Altstadtforum oder den alten Bau der Capitol-Lichtspiele.

Auf dem Weg in den Brühl

Bevor wir uns dem wahrhaft geschichtsträchtigen Hauptmarkt zuwenden, sei erst ein Gang in den Brühl gestattet. Mit wenigen Schritten sind wir dort, natürlich nicht ohne der „Löwenburg“ des Ratsherrn Johann Lebe am Hauptmarkt 42 unsere Aufmerksamkeit zu schenken. Hier bezog Martin Luther sterbenskrank am 27. Februar 1537 Quartier. In seinem hier verfassten ersten Testament verfügte er, dass, sollte er in Gotha versterben, er auch hier, in der Stadt seines Freundes Friedrich Myconius, beerdigt werden wolle. Doch die Gothaner hatten Nachsicht mit dem Reformator und flößten ihm, wie die Sage berichtet, jede Menge guten Wassers ein, so dass die Beschwerden bald verschwanden und er seine Lebensreise noch weitere neun Jahre fortsetzen konnte.

Das Gothaer Liebespaar.
Nicht nur ein Genuss im Museum, sondern auch als Praline in der Konditorei.

Die dicht aufeinander folgenden

Das alte Hospital Maria Magdalena im Brühl

Haus „Zur goldenen Schelle“ mit Tourist-Information und „Gotha-adelt-Laden“

Häuser liegen wie Buchseiten nebeneinander, und in der Konditorei, die heute in Luthers „Löwenburg“ zu Hause ist, kaufen wir eine edle Praline. Wussten Sie, dass in Gotha die erste Praline Deutschlands hergestellt worden ist? Bereits 1812 lobten die Brüder Jacob und Wilhelm Grimm in ihren Briefen die leckeren *„Chocoladekügelgen“* aus der Stadt.
Wir stehen vor dem Haus „Zur Silbernen Schelle“, der bis 1873 vornehmsten Gaststätte Gothas, wo nicht nur die Herzöge gern verkehrten, sondern auch viele Reisende ihre Zimmer bezogen. Zu den Gästen zählten die Schriftsteller Johann Wolfgang von Goethe, Nikolai Karamsin, Heinrich Heine, Johann Gottlieb Fichte und Jean Paul, um nur einige zu nennen. Christiane Vulpius, die Ehefrau Goethes, und Sohn August warteten hier 1797 sogar einmal vergeblich auf den vielbeschäftigten Dichter. Seit 1873 ist das alte Waidhändlerhaus ein Bankgebäude und nicht zu verwechseln mit dem Haus „Zur goldenen Schelle“ gleich nebenan am Hauptmarkt 40. Das ebenfalls von der reichen Waidhändlerdynastie Sorge im 16. Jahrhundert erbaute Haus war später Wohnsitz der Familie Jacobs, die fast gleichzeitig den Kanzler des Hofes und den Bürgermeister stellte. Erinnert sei auch an Heinrich August Ottokar Reichard – der berühmte Schriftsteller wohnte im Haus und veröffentlichte 1784 den ersten Reiseführer Europas. Was für ein Zufall, denn heute lädt die Gotha-Information dort in den „Gotha-adelt-Laden“ ein, der typische Produkte aus Stadt und Region vermarktet. Im Obergeschoss hat die Kulturstiftung Thüringen ihren Sitz, die von Gotha aus moderne Kunst im Freistaat fördert.

Hört der Fremde das Wort Brühl für einen Straßenzug, so denkt er schnell an ein Feuchtgebiet, womit er auch nicht falschliegt, denn der Name Brühl gibt Hinweise auf eine feuchte Stelle, und die Gothaner vermuten sogar, dass die Gründung der Stadt an diesem Ort geschah. Auf jeden Fall macht der Brühl sogar im übertragenen Sinne den Weg frei zum Wasser, was in Gotha bedeutet, es sind von hier nur wenige Schritte bis zum Stadt-Bad. Von 2009 bis 2014 hat die Stadt Gotha das alte Jugendstilbad aus den Jahren 1905–1909 saniert und mit einem modernen Familienbad ergänzt, so dass heute im wahrsten Sinne des Wortes genussvolles Baden hinter dem Feuchtgebiet der Stadt möglich ist.

Doch zurück zum Brühl 4, wo der wuchtige Bau des Hospitals Maria Magdalena, errichtet 1716–1719, an die heilige Elisabeth von Thüringen erinnert. Sie stiftete hier 1223 mit ihrem Mann, Landgraf Ludwig IV., gemeinsam ein Hospital und begann damit ihr Wohltätigkeitswerk für die Menschheit, was zur ersten Niederlassung des Lazarus-Ordens in Deutschland führte. Gleich gegenüber im Brühl 7 ist das Haus „Zum König Sahl“, das seinen Namen, so zeigt es die Hausmarke an, dem klugen Urteil des biblischen Königs Salomon im Streit zweier Frauen um ein Kind verdankt. Der Gastwirt dieses Hauses beherbergte am 23. August 1632 das schwedische Oberkommando mit König Gustav Adolf an der Spitze. Als durch Unachtsamkeit der Soldaten Feuer ausbrach, das die ganze Stadt in Schutt und Asche legte, flüchtete der König. Das Erlebnis verfolgte ihn, und er sah es als Zeichen seines nahen Todes, womit er Recht behielt, denn ein Vierteljahr später, am 16. November, starb er in der Schlacht bei Lützen.

Psalmenspruch an einer Hausecke

Das Hauszeichen die goldene Schelle

Der Jacobsplatz auf dem Hauptmarkt

Der Hauptmarkt, die „Gute Stube Gothas", zur blauen Stunde

Nun haben wir den Hauptmarkt erreicht. In der *„Guten Stube Gothas"* fällt uns die Jahreszahl 2021 auf, die vor dem schönen Schellenbrunnen im Pflaster zu entdecken ist. Sie weist darauf hin, wann der Platz nach zweijähriger Sanierung eingeweiht wurde.
Rund neun Millionen Euro investierte die Stadt Gotha, damit im Untergrund verschwinden konnte, was modernes Leben möglich macht, und be-

deckte den Platz mit 500.000 Pflastersteinen. So spüren wir auf Schritt und Tritt ein Stückchen Geschichte.
Wir sind zurück am Hauptmarkt. Nun sind wir erst einmal genug gewandert und nehmen Platz auf einer Bank unter der jungen, schattigen Krone eines Tulpenbaumes. Sofort fällt uns der Spruch zu unseren Füßen ins Auge. Da steht *„Gotha ist nicht nur die schönste Stadt in Italien, sondern hat auch viele Gelehrte gestiftet“*. Sogleich hören wir von einem Stadtführer, der eine der unzähligen Gruppen über den Platz begleitet, dass der kluge Gothaer Historiker Johann Georg August Galletti diese Worte hinterlassen haben soll. In „Meyers Universal Lexikon“ ist ganz schnell zu finden, dass der Gothaer Lehrer 1808 die erste Geschichte in deutscher Sprache der Französischen Revolution verfasste, vom Herzog den Titel eines Historiografen bekam und dass dessen Schüler seine Versprecher sammelten, so dass er als „Vater der Kathederblüte“ in die nicht von ihm geschriebenen Geschichtsbücher einging.
Lässt man nun gemütlich sitzend den Blick schweifen, so wird man zwischen den alten Patrizierhäusern fast magisch angezogen von dem dominanten roten Bauwerk in der Mitte.

*»**Übrigens** sei vorher noch gesagt, dass ich, Ernst Wilhelm Arnoldi, im Haus Nr. 37 geboren bin. Fast genau gegenüber in der Innungshalle, oberhalb des schon 1487 erwähnten Ratskellers, habe ich am 29. März 1818 die erste Deutsche Handelsschule ins Leben gerufen. Sie gilt heute als Ursprung der dualen Berufsausbildung.«*

Diese Innungshalle hat viele Geheimnisse: In ihr soll das erste Rathaus von Gotha stecken, vielleicht auch das Steinerne Haus, das in einer Urkunde aus dem Jahr 1284 als alter Besitz des Landgrafen Heinrich Raspe angegeben wird. Auf jeden Fall ist hier 1677 eine der frühesten Buchhandlungen Deutschlands eröffnet worden. Nach dem Begründer August Boetius führte sie ab 1692 Jacob Mevius. Seinen Erben folgte 1749 Johann Christian Dietrich, und der verkaufte 1774 an Carl Wilhelm Ettinger, der Gotha mit vielen Erstausgaben berühmter Werke zu einem bedeutenden Buchhandelsplatz in Deutschland entwickelte. Ab 1819 vom Buchhändler Carl Gläser geführt, sind dessen Nachkommen noch im 21. Jahrhundert im Buchhandel tätig.

Das rote Rathaus

Was die Einheimischen heute einfach Hauptmarkt nennen, waren einst der Jacobsplatz und der Holzmarkt. Der Grundriss der Jacobskapelle zeigte sich bei den Bauarbeiten 2019–2021 im Untergrund und wurde in das neue Pflaster eingelegt. Bereits im Jahr 1380 wird diese Kapelle in einer Urkunde genannt. Damals hatten die Bürger bereits ein zweites Rathaus am Platze erbaut, das 1344 als „das neue Rathaus“ Erwähnung fand. Das Gebäude mittig auf dem Platz war das Kaufhaus, verkehrsgünstig am Schnittpunkt der alten Handelswege gelegen, damit die Gothaer Kaufleute genügend Platz bekamen, um ihre Waren anzubieten.

Schon früh übten die Bürger der Stadt eine demokratische Mitbestimmung aus, denn dem 1251 erwähnten Schultheiß wurden bereits 1253 Schöffen und 1256 Ratsherren zur Seite gestellt. Die Stadt kann auf fast 800 Jahre bürgerschaftlich-demokratische Mitbestimmung blicken, und die Bürgermeister arbeiten seit 1666 im sogenannten roten Rathaus. Ihm gehört nun unsere Aufmerksamkeit.

St. Gotehardus und Wilhelm von Grumbach

Für das Kaufhaus ist am 22. Juli 1567 der Grundstein gelegt worden. Der prächtige Renaissancegiebel zeigt sich in einer gewaltigen Bildsprache und lässt sich wie ein Geschichtsbuch von oben nach unten entblättern. Ganz oben Sankt Gotehardus. Bereits im ältesten Stadtsiegel von 1251 findet sich sein Bildnis. Der Bischof von Hildesheim wird als Gründer der Stadt angesehen. Gotehardus lebte von 960 bis 1038 und war in den Jahren 1005 bis 1012 Abt des über Gotha herrschenden Klosters Hersfeld. In seiner Zeit soll er den Bau einer

Renaissance-Portal am Historischen Rathaus

Der alte Jakobsplatz am Hauptmarkt mit Rathaus, Innungshalle und Ratskeller

Stadtmauer veranlasst haben, wozu leider bis heute die archäologischen Befunde fehlen. Dass er aber so frühzeitig verehrt worden ist, muss eine tiefergehende, bis heute ungeklärte Bedeutung haben. So ist schon am 17. Juni 1442 in einer im Stadtarchiv Gotha aufbewahrten Urkunde verbrieft, dass die Bürger ihm zu Ehren jährlich am 5. Mai eine Prozession feierten. Sie ist der Ursprung des 1993 ins Leben gerufenen jährlichen GOTHARDUSFESTES, das somit auf eine 600-jährige Festtradition blickt.

Dieser Sankt Gotehardus thront an höchster Stelle über der Uhr mit dem goldenen Grumbach-Kopf, der sich, zur Strafe für die Missetaten seines Namensgebers, jede Stunde bis zum Sankt-Nimmerleins-Tag öffnen muss, um den Leuten die gute Zeit zu verkünden. Die Uhr ist einerseits umrandet von Steinbock und Krebs als Zeichen der Jahres-Sonnenwenden, andererseits von Sonne und Mond als über Tag und Nacht regierende Gestirne. Vier Gesichter (Kind, Jüngling, Mann und Greis) verkörpern den Willen im Haus, dass hier für alle Geschlechter und Generationen Entscheidungen getroffen werden. Selbst der Baumeister Andreas Rudolphi und Bürgermeister

Bachoffen lassen sich als Köpfe im Giebel finden. Die vier Zwickel-Reliefs an den Seiten verkörpern die im 16. Jahrhundert bekannten Erdteile Europa, Asien, Amerika und Afrika und zeigen die Weltoffenheit der Stadt. Eines der prächtigsten Details der Renaissance ist das Eingangsportal, wo zuerst das detailreiche bunte Wappen der Kurfürsten von Sachsen ins Auge fällt, das einst ein Gothaer Stadttor zierte. Darunter, zwischen Lamm und Drachen, ist der Vers zu lesen:

„Als man abbrach den alten Turm; daran stand Lamm und Lindwurm;
Das Lamm die Goten in ihren Fahnen geführt in Friedenszeiten;
den Lindwurm aber wider ihren Feind in Krieg und Streiten."

Das Medaillon mit dem goldenen G in der Mitte des Eingangsbogens ist das alte Wappen der Stadt, und die Jahreszahl 1574 markiert das Datum des Erstbezuges. Nach 66 Jahren als Kaufhaus nahm Herzog Ernst der Fromme das Haus in Besitz und logierte hier, bis Wohnräume in seinem Schlossneubau fertig waren. Sein Sohn und Nachfolger Herzog Friedrich I., der „Herrscher des Thüringer Barock", ist 1646 in diesem Gebäude geboren, das 20 Jahre später Rathaus wurde. Sein prägnantes rotes Gesicht bekam das Rathaus jedoch erst Mitte des 20. Jahrhunderts.

Und nun der Hauptmarkt

Nun geht's rechtsherum um das Rathaus, wo jedes der Bauwerke nicht etwa eine Hausnummer, sondern eine wunderschön erzählende Hausmarke trägt. Dass der Storch die Kinder bringt, diese Weisheit muss aus Gotha stammen, denn das Haus am Hauptmarkt 31 ist das „Haus zur Störchin". 1846 zog in die Wohnräume über einer uralten Bäckerei der am 4. September 1845 von der Kindergärtnerin Christiane Erdmann gegründete fünfte Kindergarten Deutschlands ein. Sie war eine Schülerin des Pädagogen Friedrich Fröbel, der 1840 die Stiftung des „Allgemeinen deutschen Kindergartens" ins Leben rief.

»***Übrigens****, die Ausbildung von Christiane Erdmann finanzierte mein Schwiegersohn Christian Heinrich Drescher, der von Fröbels Kindergarten-Idee begeistert war.*«

Blick über die Wasserkunst flankiert von Landschafthaus und Cranach-Haus zum Hauptmarkt

Die Wasserkunst (o.), hier sprudeln sogar die Tiere, Blick vom Hauptmarkt in den Brühl

Dieses Haus steht direkt an einer der drei engen Hauptmarkt-Gassen mit den Namen Fritzelsgasse, Gretengasse und Salzengasse, die von hier die westliche Altstadt erschließen. Bemerkenswert ist die „schwarze Fresse“, die am Giebel des Hauptmarktes 30 auf die gegenüberliegende Fassade „glotzt“. Weil ein Nachbar dem Bewohner keinen Fenstereinbau genehmigte, brachte der an seiner Fassade ein Gesicht mit glotzenden Augen an, das von nun an direkt ins Fenster gegenüber schielte. Manche Sage rankt sich um dieses Gesicht. Nur ein paar Schritte weiter stehen wir auf dem großen freien Platz und können schon den Blick erheben bis hinauf zum Schloss Friedenstein.

Auf zum Buttermarkt

Doch nicht ganz so schnell, noch gibt es hier unten viel zu entdecken. Vorbei am 36 Meter hohen Rathausturm, wo um 1600 der aus dem nahegelegenen Wechmar stammende Caspar Bach als Stadtpfeifer (so hieß der vom 14. bis 18. Jahrhundert von Städten angestellte Musiker) wohnte, werfen wir nur einen kurzen Blick auf einen der schönsten Winkel Gothas – den Buttermarkt.
Wir betreten ihn durch die Hünersdorfstraße, wo das Haus Nr. 10 daran erinnert, dass der Kupferschmied Carl Andreas Jusatz 1810 den ersten Industriebetrieb Gothas gründete und damit der Stadt eine bis heute tragfähige wirtschaftliche Perspektive gab. Der malerische Winkel des Buttermarktes, wo einst die Frauen ihre Lebensmittel verhökerten und die Fleischbänke der Metzger standen, verströmt heute leckeren Kaffee- und Kuchenduft. Alte Kaffeehäuser und kleine Läden laden ein zur Einkehr. Der am Buttermarkt im Cafe Lösche angebotene „Gothaer Kranz“ ist eine sahnige Kuchenspezialität der Stadt, die man unbedingt genießen sollte.
Zurück zum Hauptmarkt, wo nicht nur am Rathausturm ein Messingrelief, sondern im ersten Pflasterspiegel ein Mosaik und auf dem Brunnen eine Figur Sankt Gotehardus zeigen. Man kann diesen Platz ruhig als einen Schauplatz der Demokratie bezeichnen, denn im Jahr 1567 sühnten Kaiser und Kurfürsten den Bruch des Ewigen Landfriedens durch die Hinrichtung des Ritters Wilhelm von Grumbach und seiner Gefolgsleute. Doch wie kam es dazu?
Nach dem Verlust der Kurwürde strebten die abgesetzten Herzöge von

„Der Kuss“ am Buttermarkt

Blick zum Rathaus

Sachsen nach neuer Macht. Und so ließen Herzog Johann Friedrich der Großmütige und sein Sohn Herzog Johann Friedrich II. ab 1553 die alte Burg zum befestigten Schloss Grimmenstein ausbauen. Der Ritter Wilhelm von Grumbach versprach dem Herzog die Wiedererlangung der Kurwürde, wenn er sich dem Kaiser widersetzte. Daraufhin wurde der Landesherr in Reichsacht gelegt und die Stadt von Weihnachten 1566 bis April 1567 belagert. Letztlich waren es die Bürger Gothas, die den Verschwörer Wilhelm von Grumbach festnahmen und an die Truppen des Kurfürsten auslieferten. Daraufhin wurde er nach einem Schauprozess am 16. April 1567 hingerichtet, woran eine Platte im Pflaster erinnert. Verbunden mit dieser Niederlage des Adels und der kompletten Zerstörung des Schlosses Grimmenstein war der Aufstieg des Bürgertums, das als Zeichen seiner Freiheit genau im Jahr der Niederlage der Herzöge mit dem Bau des Kaufhauses am Hauptmarkt begann.
Direkt neben diesem Schauplatz konnte während der Hauptmarktsanie-

Fischkeller am Hauptmarkt

rung 2019–2021 der einstige Fischkeller der Stadt entdeckt und für touristische Spaziergänge geöffnet werden.
Das schöne Fachwerkhaus „Hauptmarkt Nr. 23“ fällt uns ins Auge. Hier wohnte der frühe Demokrat Friedrich Gottlieb Becker, dessen Familie im 19. Jahrhundert bedeutende Zeitungen verlegte und der als Abgeordneter der Frankfurter Nationalversammlung im Jahr 1849 in der Stadt das „Gothaer Nachparlament“ der ersten Demokratie in Deutschland organisierte. Bevor wir dem leichten Anstieg folgen, passieren wir die älteste Apotheke der Stadt, „Hauptmarkt Nr. 10“ aus dem Jahr 1553, deren Gründerfamilie Döhnel sogar dem russischen Zaren Peter dem Großen diente.

***»Übrigens**, das Haus Nr. 14 mit der prächtigen Gedenktafel erinnert daran, dass ich hier mein Leben vollendete.«*

Und nun müssen wir den Kopf einziehen, denn der Erker am Haus Nr. 15 ragt ungewöhnlich weit und niedrig auf den breiten Pflasterweg. Es handelt sich um das älteste Haus am Hauptmarkt, dessen Grundmauern aus dem 16. Jahrhundert stammen und über dessen großer,

Gedenktafel am Haus Nr. 14

runder Toröffnung zwei Spundlöcher ins Auge fallen, die darauf deuten, dass der Besitzer einst Braurecht besaß. Hatte der Hausherr frisches Bier anzubieten, so steckte er grüne Zweige ins Loch, und der Kunde wusste, was im Angebot ist. Bier wird übrigens in Gotha seit dem Jahr 1310 gebraut, und die ersten Genießerinnen waren die Nonnen vom Kreuzkloster, die Bier zur täglichen Stärkung erhielten.

*»**Übrigens** macht die Tradition meiner 1838 gegründeten Arnoldi'schen Bierbrauerei mein Gotha noch heute zu einem bedeutenden Braustandort in Deutschland.«*

Jüdenstraße, Klosterplatz und Augustinerstraße

Meinem letzten Wohnhaus gegenüber zieht es uns hinüber zur Jüdenstraße, deren Name daran erinnert, dass schon im 12. Jahrhundert jüdisches Leben in Gotha war. Die Mikwe ist ebenso im heutigen Augustinerkloster verschwun-

Die Augustinerkirche

den, wie es Bauteile frühester Stadtgründung sind. Martin Luther wurde hier im ältesten Augustinerkloster Thüringens am 29. April 1515 zum Distriktvikar gewählt und begann seine kirchliche Karriere. Mehrmals kam er wieder und predigte am 8. April 1521 so wortgewaltig, dass sich der Legende nach Steine aus den Mauern lösten, was die Bürger als Beweis sahen, dass der Teufel und die alten Mächte gegen Luther kämpften. Für die Gothaner ein Zeichen, sich Luthers Lehre anzuschließen. Zu Weihnachten 1524 eröffnete der Superintendent Friedrich Myconius im Kloster das erste frühneuzeitliche Gymnasium.

Kreuzgang des Augustinerklosters von 1366

*»**Übrigens**, auch ich war Absolvent dieses hochberühmten Gymnasiums, das bedeutende Persönlichkeiten hervorbrachte und sich 1838 in der Bergallee etablierte. Vor mir war der ebenfalls in Gotha geborene Johann Friedrich Blumenbach, der „Vater der Zoologie", dort Schüler und nach mir der weit angereiste Schriftsteller Arthur Schopenhauer. Unter den Lehrern hat Kurd Laßwitz als Schöpfer der deutschen Science-Fiction-Literatur eine besondere Bedeutung.«*

Während der Friedlichen Revolution 1989 fanden die Friedensgebete in dieser Kirche statt, und das Kloster ist in den Jahren 2006–2008 von Stadt und Kirchgemeinde umfassend saniert worden. Tagung und Herberge sind heute neben kirchlichem Leben hier zu Hause.
Gegenüber von Kloster und Kirche hat die Baugesellschaft Gotha 2022, im 100. Gründungsjahr der Jugendherberge in Gotha, damit begonnen,

Blick auf Kanzel und Orgel der Augustinerkirche

eine Plattenbauwohnanlage zu einer modernen Jugendherberge umzubauen. Bevor wir durch schmucke Wohnquartiere schreiten, sehen wir am Myconiusplatz das kleine Wohnhaus des Reformators Friedrich Myconius und im Straßenbelag die 2010 entdeckten Fundamente des alten Sundhäuser Tores aus dem Jahr 1210.

Wir folgen nun der Augustinerstraße aufwärts und freuen uns, dass inmitten einer modernen Quartierbebauung das alte Amtshaus der Stadt Gotha (1634–1638) erhalten werden konnte. Namhafte Persönlichkeiten wie Oberhofmarschall Hans Adam von Studnitz, Geheimrat Carl Ferdinand von Frankenberg oder die Schriftstellerin Caroline Schlegel-Schelling wohnten im 18. Jahrhundert im Haus, das 1828–1987 als Schulgebäude diente. Nach vier Jahrzehnten Leerstand und denkmalpflegerischer Sicherung ist das Haus mit der Hausmarke „Zum grünen Fisch" saniert, und neue Mieter sind eingezogen.

Oberer Hauptmarkt

Wieder am Hauptmarkt angelangt, werfen wir von der Balustrade, die der Volksmund „Pferdetränke“ nennt, noch einmal einen Blick auf den Hauptmarkt. Auf der Balustrade stehen die Plastiken „Gothas Tugenden“ des Hallenser Künstlers Bernd Göbel, flankiert von skulpturalen Würfeln. Göbel brachte im wahrsten Sinne der Kunst Gerechtigkeit, Glaube, Hoffnung, Liebe, Wahrhaftigkeit und Hilfsbereitschaft zwischen die Würfel der Gothaer Geschichte.

Wir stehen vor dem Gothaer Landschaftshaus, wo einst die Landschaften und später der Landtag berieten. Hier stand am 9. November 1918, 11 Uhr, der sozialdemokratische Reichstagsabgeordnete Wilhelm Bock vor dem Balkon, um die Republik Gotha auszurufen und den Herzog abzusetzen. Das Landschaftshaus, in den Jahren 2016–2018 liebevoll saniert, beherbergt das Forschungszentrum Gotha der Universität Erfurt und ist eines der ältesten Gebäude des Parlamentarismus in Europa.

„Die Gothaer Tugenden“ auf der Balustrade am Hauptmarkt

Zwei der Tugenden in Nahaufnahme: Fides (l.) und Fortitudo

Den Friedensgebeten „Wir sind das Volk" vom Herbst 1989 folgten auf dem Hauptmarkt die friedlichen Demonstrationen hin zum Ruf „Wir sind ein Volk". „Es wächst zusammen, was zusammengehört", jenen inzwischen berühmten Satz prägte Friedensnobelpreisträger Willy Brandt am 27. Januar 1990 vor zehntausenden Menschen.
Markant auch die Eckgebäude des Platzes. „Hauptmarkt Nr. 18" ist der ehemalige „Club zum Roten Löwen", der älteste Treffpunkt demokratischer Diskussionskultur Gothas. Ihm gegenüber steht das „Cranach-Haus" (Nr. 17), in dem der berühmte Renaissance-Maler Lucas Cranach der Ältere 1512 die Tochter des Ratsmeisters Jobst Brengebier ehelichte. Barbara Cranach aus Gotha war 1525 die Trauzeugin von Katharina von Bora bei ihrer Eheschließung mit dem Reformator Martin Luther. Zwei Töchter des Künstlerehepaares Cranach, und zwar Barbara und Ursula, blieben Gotha treu. Barbara heiratete den sächsischen Kanzler Christian Brück, der 1567 mit Wilhelm von Grumbach auf dem Hauptmarkt hinge-

richtet worden ist, und Tochter Ursula fand 1544 in dem Ratsherrn Georg Dasch ihre zweite große Liebe, weshalb noch heute Tasche und Schlange als Hausmarke das Gebäude zieren.

Der Schlossberg

Jetzt steht ein anstrengender Gang bevor, denn wir müssen die „Steile Wand von Gotha“ erklimmen, wo alljährlich mit dem Fahrrad auch die „Lotto Thüringen Ladies Tour“ emporstrampelt. Doch unser Weg wird keineswegs beschwerlich, denn am Schlossberg entfaltet sich ein einzigartiges Schauspiel, dessen bewegte Geschichte erzählt werden muss.

Im 13. Jahrhundert entwickelte sich in der Nähe der Burg der Thüringer Landgrafen ein florierendes Leben, das mit der glanzvollen Hochzeit des Landgrafensohnes Friedrich des Freidigen mit Prinzessin Elisabeth von Lobdeburg-Arnshaugk am 24. August 1300 eine wahre Blüte erfuhr. Gotha stieg als zentraler Ort im Herrschaftsbereich der Markgrafen von Meißen auf, die nach dem Aussterben der Ludowinger 1247 die Macht in Thüringen übernommen hatten. In Gotha wurde die Burg Grimmenstein zur mächtigen Festung ausgebaut. Hier spielte eine Kapelle, man hatte ein Tanzhaus, eine Kirche mit Residenzstift sowie neben Marstall, Rüstkammer und Wohnräumen auch eine Münze mit einer Silberkammer, deren erhaltenes Inventar das älteste Verzeichnis seiner Art ist.

Es war Markgräfin Elisabeth, die Gotha zu ihrem mächtigen Regierungssitz ausbaute und verteidigte. Als 1314 ihr Schwiegervater Landgraf Albrecht der Entartete starb, traten ihr Mann und sie die Herrschaft in der Markgrafschaft Meißen an, wozu auch die Landgrafschaft Thüringen gehörte. Nach dem Tod des Ehemannes war der am 30. November 1310 in Gotha geborene Sohn Friedrich noch zu jung, um in dessen Fußstapfen zu treten, weshalb seine Mutter, die sich bis zum Lebensende „Domina von Gotha“ nannte, zur Regierung berufen wurde. Sie machte vielfach Gebrauch von ihrer Macht, die sie 1328 an ihren Sohn übergab, der als Landgraf Friedrich II. das Land führte. Dessen drei Kinder waren bei seinem Tod 1349 ebenfalls noch nicht regierungsfähig, so dass wieder die „Domina von Gotha“ bis 1359 als mächtige Ratgeberin gefragt war. Bis zum Tod ihres Enkels Landgraf Balthasar 1406 und selbst noch unter seinem Sohn Markgraf Friedrich IV. blieb Gotha die führende Residenz in Thüringen.

Landgraf Balthasar nahm regen Anteil am sprunghaften Wachstum seiner Stadt. Er wusste, dass er deren Blüte nur weiter fördern konnte, wenn es gelang, ihr einen natürlichen Flusslauf zu schaffen. Gotha ist die einzige bedeutende Stadt in Deutschland, die nicht an den Ufern eines großen Flusses erbaut worden ist. Mit dem Bau des Leinakanals vom Thüringer Wald nach Gotha 1366–1369 konnte die Wassernot beendet werden, und der Bau der ersten Mühle mehrte wieder den Wohlstand für die Bevölkerung. In Würdigung dieser meisterhaften Leistung schuf der Bauingenieur Hugo Mairich 1895 die Gothaer Wasserkunst. Diese aus Springbrunnen, Fontänen und Wasserfällen bestehende Anlage ist die einzige in einer deutschen Innenstadt und sprudelt immer vom Gothardusfest im Mai bis zum Stadtgeburtstag im Oktober.
Obwohl das blühend-sprudelnde Kunstwerk das Auge fasziniert, so verdienen auch die Häuser an den Seiten Beachtung. Nicht nur das Schlossgässchen mit dem Pferdekopf „Fallada" versetzt uns in Erstaunen, sondern vor allem das Haus zum Fürstenhut am Schlossberg 10, dessen Bewohner Mitte des 18. Jahrhunderts nach Kanada auswanderten und im Jahr 1781 in Sorel den ersten Weihnachtsbaum auf dem amerikanischen Kontinent aufstellten. Nebenan, am Schlossberg 12, findet sich eine echte Thüringer Bohlenstube aus dem 16. Jahrhundert.

Ernst der Fromme

Endlich ist das Plateau an der Nordseite des Schlosses Friedenstein erreicht. Bildhauer Göbels Herzogin Luise Dorothea bestaunend, die leichten Schrittes aus dem Musenhof hinunter in die Stadt schreitet, steht gegenüber seit 1904, majestätisch im Portrait von Caspar Finkenberger geschaffen, der vielfach als der „berühmteste Ernst von Gotha" bezeichnete Sohn der Stadt, Herzog Ernst der Fromme.
Geboren 1601, lehrten ihn die Schrecken des Dreißigjährigen Krieges (1618–1648) die enorme Bedeutung von Frieden für die Menschheit, so dass er als unzerstörbares steinernes Manifest in den Jahren 1643 bis 1657 Schloss Friedenstein erbauen ließ. Der gewaltige Bau thront wie ein Fürstenhut mittig über der Stadt und ist die größte frühbarocke Schlossanlage der Welt, von der sich sogar die Baumeister von Versailles inspirieren ließen. Caspar Vogel und Andreas Rudolphi schufen das Meisterwerk

Herzogin Luise Dorothea und ihr Stammvater Herzog Ernst der Fromme

des Frühbarocks, das neben der Wohnung der Herrscherfamilie alles umfasste, was der moderne Staat benötigte.

So finden wir friedlich unter einem Dach vereint die Staatsverwaltung (Archiv), Staatsverfassung (Schlosskirche), Finanzverwaltung (Münze), Wissenschaften (Bibliothek), Künste (Theater), Bildung (Kunstsammlungen) und Staatsverteidigung (Marstall, Kasematten). Herzog Ernst, dem seine Zeitgenossen wegen seiner glaubensstarken Haltung den Beinamen „der Fromme" gaben, investierte kräftig in die Zukunft seines Staates, der schnell zu einem „Teutschen Musterstaat" aufstieg, wo 1642 die erste deutsche Schulpflicht eingeführt worden ist, wo die Ausbildung der Lehrer erstmals staatlich geregelt wurde, eine ärztliche Grundversorgung aufgebaut werden konnte, die Naturwissenschaften einen neuen Stellenwert bekamen und Reformen in alle Lebensbereiche eingriffen. Seine Ehefrau Elisabeth Sophia schenkte ihm 18 Kinder, deren Nachkommen ihn zum

„Opa von Europa“ machten, denn in kaum einem Stammbaum europäischer Monarchien und Adelshäuser fehlt der Gothaer Herzog.
Drei Jahre vor seinem Tod bildete er nach einem Erbfall das neue Herzogtum Sachsen-Gotha-Altenburg, den größten und mächtigsten Staat in Thüringen, der früh Beziehungen nach Afrika und Asien anstrebte. Der Historiker Erdmann Werner Böhme formuliert die Bedeutung exakt:

„Man müsste Gotha in dem Jahrhundert des Barock die Rolle einer Hauptstadt Thüringens zusprechen, was einigermaßen erstaunlich ist, hatte die Residenz zu jener Zeit doch gerade einmal 11.000 Einwohner.“

Es waren sieben Söhne, die entgegen des Vaters Willen das Land spalteten und Staaten gründeten, so dass sieben neue ernestinische Herzogtümer entstanden. In der Vielzahl der alten und neuen Residenzen kam es zu einer bis dahin in Europa nie gekannten Blüte der Wirtschaft, Kunst, Kultur und Wissenschaft, aber auch der innovativen Entwicklungen, die heute als Vorbild des föderalen Europas gelten.

Schloss Friedenstein

Bestärkt im Wissen über den Erbauer von Schloss Friedenstein, stehen wir am Eingangsportal des monumentalen Bauwerkes. Unter uns liegt die geschäftig-pulsierende Stadt, oben auf dem Berg ein Gipfel europäischer Geistesgröße.
Wer Einlass finden will, in dieses Reich ungeahnten Wissens, der muss dem Signet am oberen Rand des Portals folgen und sich die Hände reichen zum „Gothaer Friedenskuss“ mit der Botschaft: „Friede ernähret – Unfriede verzehrt“. Gestärkt tritt man ein und sieht, dass die schlichten Mauern rechts und links einen kaum überschaubaren Exerzierplatz begrenzen. Wie dröhnten wohl einst die Stimmen der Offiziere, wie ratterten die Kutschen vom Park kommend in den Hof und welche illustre Gesellschaft hat in all den Jahrhunderten schon dieses Schloss besucht?
Mit seinen zwei unterschiedlichen Türmen, die sich spitz und rund zum Himmel erheben, symbolisiert das Schloss auch ein Stück der deutschen Teilung des 20. Jahrhunderts. Während in einem Teil Deutschlands vierzig Jahre weitgehend alles rund lief, spitzte sich in der anderen Hälfte die

Eingebettet in die Parklandschaft Schloss Friedenstein und Herzogliches Museum

Lage immer mehr zu. Zerbrechen konnte diese Einheit nicht, denn ein starkes Fundament hielt zusammen, was zusammengehört.
110 Millionen Euro werden seit 2016 durch das Engagement der Stadt Gotha von der Bundesrepublik Deutschland und dem Freistaat Thüringen in die bauliche Sanierung des Friedensteins investiert, sodass Besucher Zeitzeugen einer der größten Kulturbaustellen Europas werden. Trotz Baulärm, Staub und Gerüsten ist das Schloss geöffnet, und wer über das viktorianische Treppenhaus nach oben schreiten will, hält kurz inne, wenn er vor der prächtigen Tür der Schlosskirche steht. Das Portal mit der versteckten Jahreszahl 1553 stammt vom zweiten protestantischen Kirchenbau der Welt, der 1567 in den Grumbachschen Händeln weichen musste. Die Bürgerschaft Gothas barg das Eingangstor und übergab es dem Herzog für seinen Kirchenneubau. Die Schlosskirche ist mit ihrer Ausstattung der erste barocke Kirchenbau des Protestantismus. Johann Sebastian Bach führte am 26. März 1717 in der Kirche seine erste, heute leider verschollene „Gothaer Passion“ auf. Bereits 1711 war er Gast in

Schloss Friedenstein thront über den Dächern der Stadt Gotha

Audienzzimmer und Festsaal im Schloss Friedenstein

In der Forschungsbibliothek Gotha Münzkabinett und Geographiezimmer

Portal und Detail der zweiten Schlosskirche der Reformation

der Stadt. Carl Philipp Emanuel Bach folgte dem Vorbild des Vaters und konzertierte hier am 2. Juli 1754.
Ob über die Treppe oder mit dem Aufzug, zuerst erreicht man die Bibliothek, die aus der 1647 gegründeten Hofbibliothek hervorgegangen ist und heute mit zwei Schriften des Weltdokumentenerbes (eine arabische Handschrift aus der ersten Hälfte des 10. Jahrhunderts und Martin Luthers 1520 veröffentlichte Denkschrift „Von der Freyheit eynisz Christen menschen“) als eine der wertvollsten Bibliotheken Europas gilt.
Sie ist als einzige Schlossbibliothek der Welt noch heute am originalen Ort erhalten und eine Goldgrube für die geisteswissenschaftliche Forschung, werden doch hier mehr als 700.000 gedruckte Werke bewahrt, darunter 350.000 Drucke vom 16. bis ins 19. Jahrhundert, 11.500 Handschriften aus dem abendländischen Kulturraum und 3.500 orientalische Handschriften sowie mehr als 10.000 Auswandererbriefe. Ihre reformatorischen Bestände machen sie zum „Gedächtnis der Reformation“ und zu einer „Rüstkammer des evangelischen Glaubens“.

Doch der schönste Raum des Ostflügels ist das 1713 eröffnete Münzkabinett, das eine der bedeutendsten Münzsammlungen Deutschlands beherbergt. Mit diesem Kabinett etablierte Herzog Friedrich II. eine der ersten öffentlichen Sammlungen. Die Gründung eines Museums für die Friedenstein'schen Sammlungen erfolgte 1824 durch den letzten Herzog aus der Linie Sachsen-Gotha-Altenburg, Friedrich IV. Beide Daten sind Belege der sehr frühen öffentlichen Zurschaustellung herzoglicher Sammlungslust. So wurde bereits im 17. Jahrhundert den Schülern des Gymnasiums die Nutzung der Bibliothek gestattet.
Noch eine Treppe höher liegen die Repräsentations-, Arbeits- und Wohnräume wie eine Zeitfolge der Bau- und Kunstgeschichte nebeneinander. Ihre Raumfolge ist klar gegliedert und zeigt in würdevoller Ausstrahlung den Anspruch des jeweiligen Herrschers. Im Salon der Hofdame Franziska von Buchwald trafen sich 1776 die Schriftsteller Friedrich Maximilian Klinger und Christoph Kaufmann. Am Ende ihres Dialoges

Die Orgel der Schlosskirche

Prächtige Deckenmalereien in der Schlosskirche

wurde mit dem Namen „Sturm und Drang“ in Gotha eine neue Literaturepoche geboren.

Im Thronsaal hat sich der Sohn des Erbauers in der Prunkfülle selbst übertroffen und Wände sowie Decken mit einer Schwere von Stuck und Pracht überziehen lassen, dass sich nicht nur die Balken biegen, sondern sich jeder Gast vor Ehrfurcht verbeugt. Die Kunst- und Wunderkammer mit seltensten Sammlungsstücken von Elfenbein, Gold, Perlmutt, Majolika oder Wachs zieht den Betrachter in den Bann, sieht er doch sonst sehr selten eine so große, qualitätsvolle Auswahl und Vielfalt auf engstem Raume.

Die Hirschgalerie schafft die Verbindung zwischen Nordflügel und Westturm. Mit den Portraits aus der Linie der Wettiner hängt an der Wand das Stammbuch der Ahnen eines der ältesten Adelsgeschlechter Europas. Hinter dieser beeindruckenden Galerie bestechen die Wohnräume des Westflügels, die Herzog Leopold Emil August ganz im Stil des Klassizismus gestalten und einrichten ließ. Jeder Raum ist eine eigene Komposition. So ist es möglich, innerhalb weniger Schritte zuerst in einer ägyptischen Ruhmeshalle, dann an einem italienischen Apoll vorbei hinein in eine deutsche Gartenlaube zu gehen, ohne ins Bett von Napoleon Bonaparte schlüpfen zu müssen. Unbändige Sammlungslust der Fürsten ließ eine Fülle des guten Geschmacks mit Einzelstücken der Weltgeschichte aufeinandertreffen.

Das Ekhof-Theater

Blick von der Fürstenloge auf die Bühne des Ekhof-Theaters

Am Ende der Galerie setzt man den Fuß direkt hinein ins deutsche Künstlerleben, denn den einstigen Ballsaal, eine Art Turnhalle, verwandelte Herzog Friedrich I. 1683 in ein Theater, dessen Bühnentechnik und Kulissenverwandlung noch heute in Betrieb ist und es zum ältesten funktionstüchtigen Theater der Welt macht. Auf dieser Bühne kam die vom Gothaer Kapellmeister Gottfried Heinrich Stölzel 1718 geschaffene Arie „Bist du bei mir" ebenso zur Aufführung wie 1776 Friedrich Wilhelm Gotters und Georg Anton Bendas Oper „Romeo und Julie". Sogar die Geburtsstunde des Melodrams in Deutschland schlug 1775 auf dieser Bühne – in Gestalt von Bendas Stück „Ariadne auf Naxos".

Der oben schon erwähnte Conrad Ekhof eröffnete 1775 im Gothaer Schloss das erste deutsche Hoftheater, rief den Berufsstand des Schauspielers ins Leben und schuf die erste Künstlerpensionskasse. Der Begründer des Deutschen Nationaltheaters, sein Schüler August Wilhelm Iffland, gab 1777 in diesem Theater sein Debüt. Wer heute denkt, dass

„Rosamunde“ ein böhmischer Schlager ist, der muss enttäuscht werden, denn Gothas Hofkapellmeister Anton Schweitzer brachte seine Oper mit diesem Titel schon um 1780 in Gotha zur Aufführung. Alljährlich im Sommer verwandelt das Ekhoffestival die barocke Zauberbühne in einen besonderen Schauplatz der Theaterkunst. Im Jahr 2021 ist der in Gotha geborene Film- und Theatermime Peter Bause mit dem erstmals vergebenen „Goldenen Ekhof“ als bester deutscher Schauspieler gewürdigt worden. Die untere Etage des Westflügels wird nach der Sanierung die stadtgeschichtlichen Sammlungen des Historischen Museums aufnehmen, die 1928 durch die Bürgerschaft begründet worden sind.

*»**Übrigens** sei noch darauf verwiesen, dass auch die Bürger früher ins Schloss durften. Familie Arnoldi war oft und gern in den schönen Räumen und stets haben wir die großartigen und neuesten Sammlungen bestaunt.«*

Das Herzogliche Museum

Wir verlassen das Schloss und gelangen durch das Südtor direkt hinein in die grandiosen Parklandschaften Gothas. Wir erinnern uns noch an den ersten Garten Gothas, den wir sehen durften – die Orangerie. Fast unbemerkt liegt oberhalb dieser Anlage am Rande des Schlossparks das Teeschlösschen, eine neogotische Kapelle, die 1781 als Lustschloss für die Herzogin entstand und seit vielen Jahren ein christlicher Kindergarten ist.

Der Dinglinger Elefant – ein Kleinod der Kunst

Die ägyptische Sammlung

Das Herzogliche Museum

Der Park umzieht wie ein blühender Garten den frühbarocken Schlosshügel und macht so manchen Ausguck ins Freie möglich. Unter diesen schattigen Baumkronen verbrachte bereits der Grafiker und Illustrator Fritz Koch-Gotha seine Freizeit, denn er wohnte nebenan in der Uelleber Straße. Seine Illustrationen zum 1924 erschienenen Buch „Die Häschenschule" machen ihn bis heute bekannt.

Apropos Ausguck: Ganz anders ist der Blick vom Platz zwischen den Türmen hinüber zum Herzoglichen Museum, das Herzog Ernst II. von Sachsen-Coburg und Gotha 1864–1879 von dem österreichischen Baumeister Franz Ritter von Neumann erbauen ließ. Erst seit kurzem ist bekannt, dass Ernst in jungen Jahren gemeinsam mit seinem Bruder Albert, dem Gemahl der britischen Queen Victoria, für dieses Museum Pläne entwarf, die Albert mit dem Victoria and Albert Museum in London und Ernst mit seinem Gothaer Museum verwirklichte. Das 2013 neu gestaltete Haus präsentiert die Glanzstücke der mehr als zwei Millionen Objekte umfassenden Gothaer Sammlungen, darin das „Gothaer Liebespaar" von 1485, das als ältestes Doppelbildnis der Malerei gilt, den größten Tafelaltar der Reformation von Heinrich Füllmaurer aus dem Jahr 1538, eine Spitzensammlung von Werken Lucas Cranachs sowie eine herausragende Kollektion flämischer und niederländischer Meisterwerke von Rubens bis Rembrandt.

Das größte Bilderbuch der Reformation – der Gothaer Tafelaltar. 1538 von Heinrich Füllmaurer geschaffe

Mit 162 Tafeln das bildgewaltigste Werk altdeutscher Malerei.

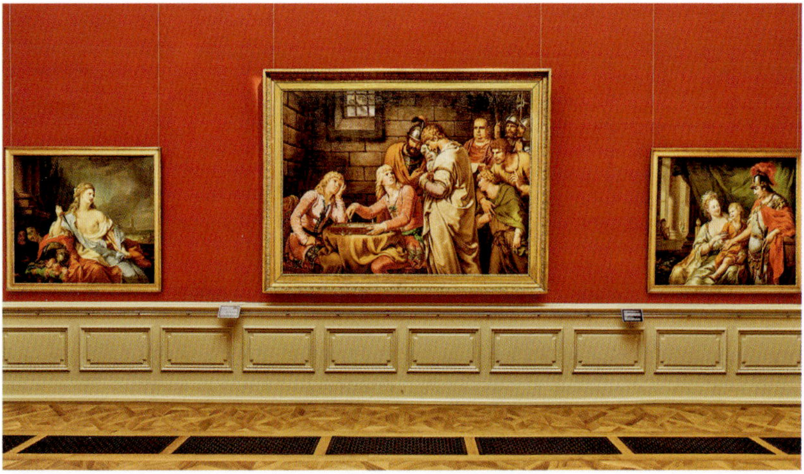

Galerie mit Werken deutscher Meister im Herzoglichen Museum

Kunstkammer im Schloss Friedenstein

Bildergalerie in der sogenannten Petersburger Hängung

»Übrigens, *wissen Sie, was sich Schreckliches anderthalb Jahre nach meinem 200. Geburtstag in Gotha ereignete?«*

In der Nacht vom 13. zum 14. Dezember 1979 fand in Gotha der größte Kunstraub der DDR statt. Gestohlen wurden fünf Meisterwerke von Rembrandt van Rijn, Frans Hals, Anthonis van Dyck, Pieter Brueghel dem Älteren und Hans Holbein dem Älteren, von denen über vier Jahrzehnte jede Spur fehlte. Nach langen Verhandlungen konnten sie im Januar 2020 nach Gotha zurückkehren. Diese Gemälde zu sehen und Hintergründe über ihre Geschichte zu erfahren, ist ein Muss, wenn man sich für Kunstgeschichte interessiert.

Großartige spektakuläre Sammlungen verbergen sich im Herzoglichen Museum, so der größte Bestand von frühen Plastiken des französischen klassizistischen Bildhauers Jean-Antoine Houdon, die älteste ägyptische Sammlung, die früheste ostasiatische Kollektion, das erste Chinesische Kabinett Europas, die bedeutendste Fächersammlung, eine große Sammlung von Korkmodellen, wertvollstes Böttgersteinzeug oder die atemberaubende Plastik „Adam und Eva“ des Renaissance-Bildhauers Conrad Meit.

Der erste Englische Garten

Unser Spaziergang führt uns in den Park, wo wir direkt hinter dem Museum einen der ersten Tannengärten Deutschlands entdecken. Doch die Hauptattraktion ist hier der Englische Garten. Nach ihrer Hochzeit mit dem Prince of Wales im Jahr 1736 pflegte die Gothaer Prinzessin Augusta weiterhin enge Kontakte in ihre Geburtsstadt. Sie lud ihren Neffen, den späteren Herzog Ernst II. von Sachsen-Gotha-Altenburg,

Herzoglicher Park mit Teich und Insel

auf dessen Kavalierstour nach London ein, wo sie ihn mit der Weltläufigkeit und Gartenkunst der Engländer inspirierte.
Ab 1765 entstand so in Gotha der erste Englische Garten auf dem Kontinent, dessen Seenlandschaft die Verspieltheit der Elemente verkörpert und nicht sofort zu erkennen gibt, dass auf der Insel im See die sagenumwobene Begräbnisstätte der letzten Herzöge aus dem Hause Sachsen-Gotha-Altenburg liegt. Hervorzuheben ist die älteste klassizistische Kopie eines griechischen Tempels in Europa, die sich oberhalb des Nordufers erhebt. Auf verschlungenen Wegen durch diesen Park wandelnd, vorbei an einer Kiefer, die wie eine Lyra-Gitarre gewachsen ist, folgen wir den Spuren der Illuminaten. Adam Weishaupt, der Begründer dieses Geheimbundes, fand ab 1787 in Gotha Zuflucht und wohnte in der Parkallee 13, direkt neben dem Museum. Die Loge „Ernst zum Kompass" in Gotha gilt als eine der Mutterlogen Europas. Während der Regentschaft von Herzog Ernst II. versammelten sich in dieser Loge die Geistesgrößen ihrer Zeit. Gotha im Zeitalter der Illuminaten ist sicherlich untrennbar mit der Freimaurerei verbunden, und man sollte wissen, dass der Schatz des Geheimbundes bis heute nicht gehoben ist.

Herzoglicher Park, Heilige Insel

*»**Übrigens** haben Adam Weishaupt und ich auf dem Friedhof in der Eisenacher Straße unsere letzte Ruhe gefunden. Ist der Friedhof auch aufgehoben, so ist doch der Platz bekannt und lädt als würdiger Gedenkort zur Betrachtung ein.«*

Abschied

Die Thüringer Wald- und Straßenbahn fährt seit 1929 sogar mit historischen Gotha-Wagen

Verlassen wir nun den Park in östlicher Richtung, so ist in der Ferne das Knirschen der Schienen zu hören, denn so wie bei uns geht auch für die Thüringer Wald- und Straßenbahn die Reise zu Ende. Sie kehrt aus den Kur- und Erholungsorten Friedrichroda, Reinhardsbrunn und Bad Tabarz zurück, wohin sie seit 1929 jeden Tag mehrfach fährt.

> *»**Übrigens** gaben die Gothaner der Bahn den liebevollen Kosenamen „Urwaldrumpel", weil sie beim Fahren über Schienen und Weichen so herzzerreißend quietscht und rumpelt, um den Thüringischen Urwald zu erreichen.«*

Sie folgt dabei den Spuren des Gothaer Schriftstellers Ludwig Storch, der 1841 in seinem „Wanderbuch durch den Thüringer Wald" den Thüringischen Landstrich zum ersten Male mit den Worten „Grün, Herz und Mitte“ charakterisiert. Er schreibt:

„Ein schönes grünes Blatt ist unser Thüringer Wald; und auch ein Herz ist unser Thüringer Wald; so liegt der Thüringer Wald in der Mitte Deutschlands.“

Der Thüringer Wanderschriftsteller August Trinius nahm diese Inspiration auf, verewigte sie 1910 in dem Buch „Das grüne Herz Deutschlands: Eine Wanderfahrt durch den Thüringer Wald“, und Thüringen fand in der Weimarer Republik seinen Platz als „grünes Herz Deutschlands“.

Weltläufig soll unser Spaziergang durch Gotha zu Ende gehen, denn den Bahnhof vor Augen zieht uns das Haus in der Neubauerstraße 2 magisch an. Die prächtige Villa, entworfen vom Gothaer Stadtbaumeister Ludwig Bohnstedt, gehörte dem bedeutendsten Kartografen des 19. Jahrhunderts, August Petermann, der im Jahr 1854 aus London nach Gotha kam und die Produktion des Verlages Justus Perthes revolutionierte. Er führte Weltentdecker auf die Spur der ersten deutschen Nordpolarexpedition und ließ die letzten weißen Flecken des amerikanischen und afrikanischen Kontinents kartieren. Mit „Petermanns Geographischen Mitteilungen“ schuf er von 1855 bis 2004 die erste geografische Zeitung der Welt, in der alle Neuentdeckungen veröffentlicht und 150 Jahre mit dem Namen Gotha verbunden worden sind.

Wenn wir uns nach diesem Spaziergang einig sind, dass das Wiederkommen ein Muss ist, weil es Spaß machte, die Welt, das Erbe und diese Stadt zu entdecken, dann sei Ihnen, weil Sie die Antwort kennen, zum Abschied der Vers vom Rektor des Gothaer Gymnasiums Johann Heinrich Stuß noch einmal ans Herz gelegt:

„Gotha nimmt vor anderen berühmten Städten, als da sind Athen, Rom, Konstantinopel, insofern eine ganz besondere Stellung ein, als sich im Gegensatz zu jenen nicht nur das Geburtsjahr, sondern auch der Geburtstag der Stadt genau bestimmen lässt!“

Zwölf Ereignisse in 50 Fakten der 1.250-jährigen Geschichte Gothas

25.10.775 **Erste urkundliche Erwähnung. In Düren stellt Kaiser Karl der Große für das Kloster Hersfeld eine Besitzurkunde über die „villa gotaha“ aus.**

1005–1012 Gotehardus, Abt des Klosters Hersfeld, lässt den Besitz des Klosters in Gotha mit einer Stadtmauer sichern und wird Stadtpatron.

1109 Hermann von Gotha ist der erste bekannte Lehnsherr der Stadt.

1131 Das Geschlecht der Ludowinger übernimmt das Vogteirecht über die Königsgüter des Klosters Hersfeld, darunter Gotha.

1180–1189 **Gotha ist Stadt – der Thüringer Landgraf Ludwig III. bezeichnet die „civitatibus godaha“, wo seit 1153 Münzen geprägt werden, als seine Stadt.**

1251 Beginn der städtischen Mitbestimmung durch Schultheiß, Schöffen und Ratsherren.

1300 24. August. Fürstenhochzeit zu Gotha zwischen Landgraf Friedrich und Prinzessin Elisabeth. In den folgenden Jahren bis zum Erwerb der Kurwürde wird Gotha die bedeutendste Stadt in Thüringen.

1366–1369 **Beginn der Wasserversorgung des Thüringer Waldes für die Stadt Gotha durch den Bau des Leinakanals von Schönau; 1646 Erweiterung durch den Flößgraben von Georgenthal, 1909 Bau der Gothaer Talsperre bei Tambach-Dietharz.**

1422 Heinrich, Weihbischof von Mainz, bestätigt den Gothaer Bürgern das Fest zu Ehren des Gotehardus als jährliche Prozession, älteste Stadtfestquelle.

1485 Im Amsterdamer Kabinett entsteht „Das Gothaer Liebespaar“, das älteste Doppelportrait der deutschen Malerei, bedeutendstes Kunstwerk der Gothaer Kunstsammlungen.

1515 Martin Luther predigt zum ersten Mal in Gotha. Insgesamt sind neun Aufenthalte nachweisbar. Er nennt Gotha „die göttliche Stadt“.

1522 Einführung der Reformation. Seit dem 17. Jahrhundert gilt Gotha wegen seiner berühmten Bibliothek als „Gedächtnis der Reformation“ und „Rüstkammer des Glaubens“.

1567 Grumbachsche Händel und Bruch des Ewigen Landfriedens – Ächtung der Gesetzesbrecher durch Hinrichtung auf dem Hauptmarkt.

1640 Am 24. Oktober Einzug von Herzog Ernst dem Frommen in die Stadt, Gründung des Staates Sachsen-Gotha, Erhebung zur Hauptstadt eines deutschen Staates (bis 1922). Mit der Gründung der Druckerei von Peter Schmid und 1677 der Buchhandlung von August Boetius beginnt der Aufstieg der Stadt zu einer Metropole des Buchhandels und Buchdruckes.

1643–1657 Bau des Schlosses Friedenstein und Gründung der bedeutenden kunst- und geisteswissenschaftlichen sowie naturkundlichen Sammlungen.

1651 Gründung der Gothaer Hofkapelle, heute Thüringen Philharmonie Gotha-Eisenach, eines der ältesten Orchester Deutschlands.

1678 Der östliche Schlossturm brennt und wird in neuer Gestalt wiederaufgerichtet. So entsteht das Gothaer Wahrzeichen, die typische rund- und spitztürmige Schloss-Turm-Silhouette.

1683 Im Ballsaal des Schlosses Friedenstein entsteht das älteste funktionstüchtige Barocktheater der Welt, worin 1775 Conrad Ekhof das deutsche Theater begründet.

1729 Mit der Hochzeit von Prinzessin Luise Dorothea und Herzog Friedrich III. wird Gotha zu einem Musenhof der Künste, der sich im folgenden Jahrhundert zu einem Zentrum der Aufklärung und Wissenschaften entwickelt. 1798 findet in Gotha der erste astronomische Kongress der Welt statt.

1763 Der Adelskalender „Der Gotha“ erscheint und macht unter diesem Namen die Stadt international berühmt.

1785	Der Buchhändler Justus Perthes gründet eine Buchhandlung, aus der später die Geografisch Kartografischen Anstalten hervorgehen, die bis 2010 kartografische Spitzenerzeugnisse produzieren.
1810	Der Kupferschmied Carl Jusatz gründet den ersten Industriebetrieb der Stadt und läutet die Ära der industriellen Revolution in Gotha ein.
1819	Gründung der Gothaer Singakademie durch Hofkapellmeister Andreas Romberg, Beginn der Gothaer Chorbewegung. 2019 vereinen sich in Gotha zwei Verbände zum Deutschen Chor- und Orchesterverband.

1820	**Ernst Wilhelm Arnoldi ruft die GOTHAER ins Leben, eine der größten Versicherungen Deutschlands, 1827 Gründung der ersten deutschen Lebensversicherung.**
1824	Herzog Friedrich IV. von Sachsen-Gotha-Altenburg begründet das Museum der Friedenstein'schen Kunstsammlungen, das laut seiner Verfügung nie vom Standort Gotha verlegt werden darf.
1849	Das „Gothaer Nachparlament" der Frankfurter Nationalversammlung tagt vom 26.–28. Juni in Gotha. Fortschrittliche und liberale Demokraten nennen sich „Gothaer".
1861	Mit der Gründung des Deutschen Schützenbundes entsteht in Gotha der erste nationale Sportverband Deutschlands.
1875	Auf dem Vereinigungskongress von Gotha bilden die Sozialdemokratische Arbeiterpartei und der Allgemeine deutsche Arbeiterverein die Sozialistische Arbeiterpartei Deutschlands. Werte wie Einheit, Demokratie und Kompromiss werden in Gotha neu definiert und regen Karl Marx an zu seiner „Kritik des Gothaer Programms".
1878	Das erste Krematorium Deutschlands wird in Gotha in Betrieb genommen. Für die Aufbewahrung der Urnen entsteht 1892 das erste deutsche Kolumbarium.
1879	Das Herzogliche Museum öffnet nach 15-jähriger Bauzeit. Von 1950 bis 2010 firmiert es als „Museum der Natur". Nach umfassender Sanierung 2013 Wiedereröffnung als „Herzogliches Museum".
1882	Die Eröffnung des ersten deutschen Aquariums führt 1929 zur Gründung des Gothaer Tierparks.

1914 Bertha von Suttner, 1905 als erste Frau mit dem Friedensnobelpreis ausgezeichnet, findet ihre letzte Ruhestätte in Gotha.

1918 Am 9. November, 11 Uhr, ruft Wilhelm Bock den Freistaat Gotha aus, es kommt zur einzigen Alleinregierung der Unabhängigen Sozialdemokratischen Partei Deutschlands (USPD) und Fürstenenteignung Deutschlands. In Gotha wird erstmals der Acht-Stunden-Arbeitstag eingeführt.

1929 Eröffnung der Fahrstrecke nach Tabarz der 1894 gegründeten Gothaer Straßenbahn. Sie ist als Thüringer Wald- und Straßenbahn die erste Überlandstraßenbahn in Deutschland.

1945 Kampflose Übergabe der Stadt Gotha an die amerikanische Armee, Gotha als erste Stadt Thüringens befreit, Hinrichtung des „Retters von Gotha", Josef Ritter von Gadolla, am 5. April 1945. 2018 posthume Verleihung der Ehrenbürgerwürde.

1946 Transport der Gothaer Kunstschätze aus Museum und Bibliothek in die Sowjetunion als Reparationsleistung für den Zweiten Weltkrieg; 1956 und 1959 Rückgabe großer Teile der Sammlungen.

1956 Beginn der sozialistischen Umgestaltung der Stadt – Bau eines Plattenbau-Wohnquartiers mit Wohnblöcken, Schulen, Kindergärten, Kirche und Einkaufsmärkten in Gotha-West. 1969 Übergabe des Straßenzuges Brühl bis Arnoldiplatz als erste Fußgängerzone der DDR. Ab 1978 Abriss der westlichen Altstadt, ab 1987 Bau eines Plattenbau-Wohnquartiers in Gotha-Siebleben.

1965 Europas größte Hochseiltruppe „Geschwister Weisheit" wählt Gotha als neuen Heimatort.

1989 Dem Friedensgebet am Weltfriedenstag in der Schlosskirche und der deutsch-deutschen Hymnen-Verschmelzung folgen weitere Friedensgebete in der Augustinerkirche und friedliche Demonstrationen mit dem Ruf „Wir sind das Volk" in der Stadt.

1990 Willy Brandt spricht am 27. Januar in Gotha, größte Demonstration aller Zeiten in Gotha. Am 6. Mai erste freie Kommunalwahlen seit 1932. Die demokratische Neuordnung beginnt.

1991 Beginn der denkmalgerechten Sanierung der historischen Altstadt von Gotha. In den folgenden vier Jahrzehnten werden mehr als 500 Millionen Euro investiert.

1995 Gründung der Kulturstiftung Gotha durch ein Stiftungskapital der GOTHAER Versicherungen, Stiftung des Preises „Der Friedenstein".

2001 Gütliche Einigung zwischen dem Freistaat Thüringen, der Stadt Gotha und dem Herzogshaus von Sachsen-Coburg und Gotha. Am 11. Februar 2004 erfolgt die Gründung der Stiftung Schloss Friedenstein.

2007 Die Kunstsammlungen Schloss Friedenstein beginnen ihren Weg als „Barockes Universum Gotha". 2013 Eröffnung des Herzoglichen Museums; 2015 Eröffnung des „PERTHESFORUM Gotha" als Ort der Forschung, der Werkstätten und der Digitalisierung der Kunstsammlungen zu Gotha. Das 2003 erworbene größte geografische Erbe Europas aus dem Justus Perthes Verlag wird hier erforscht.

2010 Im Schloss Friedenstein empfängt der Bundespräsident am 14. September erstmals außerhalb seines Amtssitzes alle in Deutschland akkreditierten Botschafter.

2013 Gotha wird vom Europarat als Europa-Stadt ausgezeichnet.

2015 Die UNESCO erklärt zwei Schriften der Bibliothek im Schloss Friedenstein Gotha zum Weltdokumentenerbe.

2016 Die Bundesrepublik Deutschland und der Freistaat Thüringen beginnen mit einer Investitionssumme von 110 Millionen Euro für die nächsten Jahrzehnte die Sanierung von Schloss Friedenstein.

2020 Die seit dem größten Kunstraub der DDR im Dezember 1979 verschollenen fünf Meisterwerke der Gothaer Kunstsammlungen, von denen 40 Jahre lang jede Spur fehlte, kehren nach zweijährigen Verhandlungen nach Gotha zurück.

2021 Die Stadtbibliothek „Heinrich Heine" im 2013 eröffneten Hofgärtnerhaus und Winterpalais wird dreifach prämiert, nämlich als „Beste Bibliothek Deutschlands in kleinen Orten", „Beste Thüringer Bibliothek" und „Bester Förderverein Deutschlands".

Ausflugsziele in und nahe Gotha

Drei Berge umschmeicheln die Stadt Gotha und tragen Sorge, dass die klimatischen Bedingungen hier so wohltuend sind. Der Boxberg, der Kranberg und der Seeberg schützen den Stadtraum vor zu kalten und zu heißen Windströmungen, aber auch vor heftigen Stürmen und starken Niederschlägen. Diese drei Hügel laden nicht nur zu herrlichen Wanderungen per pedes oder mit dem Fahrrad ein, sondern auch zu wunderschönen Ausblicken in die Landschaft rings um Gotha. Als Ziele sind zu empfehlen:

Stadthalle Gotha und Deutsche Schützenstätten
Schützenplatz 1

Bereits 1442 formierte sich in Gotha eine Schützengesellschaft, und noch heute wird diese Sporttradition in Gotha sehr gepflegt. Neben der 1824 erbauten Stadthalle Gotha, die mit moderner Bühnentechnik Veranstaltungen, Tagungen, Kongresse und Messen aller Art ermöglicht, sind am Schützenplatz auch die Schießsportstätten ansässig. Hier wurde 1861 der Deutsche Schützenbund als erster Sportverband Deutschlands gegründet. Hier spielt seit 1962 die Beatgruppe „The Polars“, als „Beatles des Ostens“ bezeichnet, und Regisseur Kurt Maetzig drehte 1946 an diesem Ort den ersten Film der DEFA („Einheit SPD-KPD“).

Tivoli – Gedenkstätte „Gothaer Parteitag von 1875"

Am Tivoli 3

Die Einheit der werktätigen Massen, die Gründung der ersten Arbeiterpartei Europas, die „Kritik des Gothaer Programms" von Karl Marx sind nur drei Schlagworte, die mit dem geschichtsträchtigen Platz im Tivoli Gotha verbunden sind, wo 1875 die Gründungsstunde der Sozialdemokratischen Partei Deutschlands schlug. Mit dem „Wilhelm-Bock-Preis" werden hier seit 2008 Persönlichkeiten geehrt, die sich in Ost-, Süd- und Mitteleuropa Verdienste um soziale Werte erworben haben.

Gustav-Freytag-Haus

Weimarer Straße 145

Der bekannte Schriftsteller des 19. Jahrhunderts, der Journalist Gustav Freytag, schuf sich ab 1851 in Gotha-Siebleben ein dichterisches Idyll. In seiner „Guten Schmiede" verfasste er fast alle seine bedeutenden Werke. Seinen eindrücklichen Schilderungen vom braven Deutschen hat er den Namen „Erfinder der guten alten Zeit" zu verdanken.
Seine Bücher „Soll und Haben", „Bilder aus der deutschen Vergan-

genheit“ oder „Die Ahnen“ waren echte Bestseller. Die liberale Grundhaltung des Staates Sachsen-Coburg und Gotha bot dem politisch aktiven Autor Sicherheit für sein Wirken, ein Umstand, dem auch Literaturnobelpreisträger Thomas Mann bei seinem Gotha-Besuch 1949 Hochachtung zollte.

Hauptfriedhof Gotha
Langensalzaer Straße

Der Hauptfriedhof Gotha zählt zu den schönsten Garten-Friedhofs-Anlagen in Thüringen. Auf einer Fläche von 20 Hektar vereint er verschiedenste Elemente der Gestaltung, wobei er mehrere Etappen der Friedhofsentwicklung nachempfinden lässt. Die 1908 fertiggestellte Friedhofserweiterung mit dem jugendstilartigen Wegemuster ist einmalig in Thüringen. Der Friedhof entstand einst außerhalb der Stadt, weil auf diesem Areal 1878 in Gotha das erste Krematorium Deutschlands eröffnet wurde. Im 1892 erbauten Kolumbarium ist die Urne der ersten Friedensnobelpreisträgerin Bertha von Suttner bestattet. Beeindruckende Grabanlagen wechseln sich ab mit schlichten Gräbern. Der Friedhof ist auch Gedenkort für die Opfer von Krieg und Gewaltherrschaft. Bedeutende Persönlichkeiten der Stadt fanden hier im Ehrenhain oder an selbstgewählten Orten ihre letzte Ruhe.

Tierpark und Sternwarte
Töpfleber Weg 2

Der Seeberg, direkt im Süden vor der Stadtgrenze liegend, ist vom Stadtzentrum in 20 Minuten Fußmarsch erreichbar. Der Radweg „Deutsche Städtekette“ führt, vom Boxberg kommend, direkt hier vorbei. Der 1929 eingerichtete Tierpark Gotha ist eines der beliebtesten Ausflugsziele für junge Familien, denn Kinder können auf ganz kurzen Wegen die mehr als 800 Tiere bestaunen. Nur 500 Meter entfernt vom Tierpark liegt die Sternwarte Gotha, die an die große astronomische Tradition der Stadt seit dem Ende des 18. Jahrhunderts erinnert. Heute beherbergt die Sternwarte eine schmucke Gaststätte mit schattigem Biergarten.

Galopp- und Pferderennbahn
Auf dem Boxberg 1a

Der Boxberg Gotha liegt auf vorzüglichen Rad- und Wanderwegen vier Kilometer von Gotha entfernt und hat sich als Pferderennbahn seit Mitte des 19. Jahrhunderts einen Namen erworben. Die hier errichtete Tribüne im viktorianischen Stil ist die älteste Holztribüne im deutschen Sport. Auf der weitläufigen Anlage, wo zwei Gaststätten die Besucher bewirten, treffen sich neben Pferdesportlern Pfadfinder und Ranger zu ihren Veranstaltungen.

Arnoldi-Garten, Berggarten und Bürgerturm

Kranberg

Der Kranberg ist der Gothaner liebster Berg, denn hier treten sie am Westrand der Stadt sofort in den Arnoldi-Garten ein, den die Familie Arnoldi der Stadt 1872 gestiftet hat. Von 2022 an wird diese grüne Baum-und-Wiesen-Oase der Stadt in einem großangelegten Bundesförderprojekt zukunftsfähig, naturnah und klimaeffizient umgebaut. Im Arnoldi-Garten liegen der Goldfischteich, die Gaststätte Berggarten und der Bürgerturm, der am 13. Juni 2009 durch einen rührigen Verein aus Spenden der Bürger errichtet worden ist. Von der 34 Meter hohen Plattform bietet sich ein hervorragender Ausblick bis in den Thüringer Wald, der jeden, der den Aufstieg wagt, belohnen wird und im Nachhinein zur Einkehr im Berggarten einlädt. Den Heimweg sollte der Gast über den Höhenweg zur Sonneborner Straße wählen, denn hier kommt er zum Galberg mit der Rohrbachschen Sternwarte. Den ersten sechsgeschossigen Eisenbetonbau Thüringens ließ der Pädagoge und Astronom Carl Rohrbach 1904/05 errichten.

Ein Wort zum Abschluss zu den Zielen rund um und in Gotha

Gotha weist zahlreiche Sehenswürdigkeiten auf, aber manch einer sucht vor allem unbekannte Plätze, die nicht in jedem Stadtführer verzeichnet sind. So gibt es in Gotha neben der Margarethenkirche, der Augustinerkirche und der Schlosskirche eine Vielzahl kleinerer Kirchen zu entdecken. Wer den ersten Kirchenrundbau Deutschlands oder die in einem alten Krankenhaus versteckte Hospitalkirche oder sogar die erste Neubauernkirche Deutschlands sowie den letzten Kirchenneubau der DDR finden will, dem sei gesagt, in Gotha wird er fündig, denn hier liegt der Ort, von dem 1796 bereits der Schriftsteller Viktor Wölfling bei der Ankunft in Weimar schwärmte: *„Wie sehr wünsche ich mich wieder nach Gotha zurück!“*

Teeschlösschen im Park der Orangerie

English history in Gotha

In the middle of the European mainland lies a famous German city that gives its name to two royal dynasties. The royal houses in Great Britain and Belgium trace their origins back to the family name Saxe-Coburg and Gotha. The family of the last Bulgarian Tsar and Prime Minister of the Republic of Bulgaria Simeon Borissow Sakskoburggotski also has its roots there. The name of this city is Gotha.

In order to get to know this city and its monuments better, as well as the links with Great Britain, something of its great history must be told. As early as 25th October 775, the "villa gotaha", a place on the canal of good water, was first mentioned in a document by Emperor Charlemagne. At that time, the royal court in Gotha was handed over to the Hersfeld monastery. In the 12th century, the town passed to the Thuringian landgraves from the Ludowinger family. As early as 1180, they issued documents and called Gotha "our city", which proves the early city rights. The rise of Gotha, to one of the most important centres of power in Germany, began with the princely wedding on 24th August 1300 in Gotha between Landgrave Frederick I and Princess Elisabeth. Grimmenstein Castle and St. Mary's Church were spiritual, cultural and economic centres of the empire. On 30th November 1310, Frederick II, Margrave of Meissen (1310–1349) was born, whose descendants established relations with Great Britain. Frederick's grandson of the same name, the first Prince-elector of Brandenburg of the House of Hohenzollern, was pleased to see his granddaughter Dorothea becoming Queen of Denmark, Norway and Sweden by marriage. Her only daughter Margaret married James III, King of Scotland, in 1469. All the kings of Scotland originate from Gotha, since the middle of the 15th century. However, it gets even more interesting: In 1503, King James IV, the son of the royal couple Margaret and James III, married Margaret Tudor, the daughter of the English King Henry VII and sister of the famous King Henry VIII. All heads of state of Great Britain can trace their descendant to Gotha, since 1603.

In the 21st century, Gotha is a modern and upcoming cultural and economic metropolis in the middle of Germany, which offers 46,000 people a liveable and lovable home. Gotha's Schlossberg, which is crowned by Friedenstein Castle, rises majestically between the green peaks of the Thuringian Forest and the fertile land of the Golden Aue. The Castle is the largest early Baroque palace complex in Europe, a model for the construction of the Palace of Versailles in France. It was brought to life by Duke Ernest the Pious, the founder of the state of Saxe-Gotha, who had his state building erected in the years 1643–1657 and gave it the obligatory name "Friedenstein". For more than 400 years, the castle is provided with the message: "Peace nourishes – strife consumes". Thus, it is the manifesto set in stone of peace in Europe.

The Friedenstein Castle is home to a "Baroque Universe" with excellent art and natural science collections. Around two million objects have been preserved in Gotha for posterity.

With one of the oldest libraries in Europe, it is a humanities research centre with contacts to universities and research institutes throughout Europe. Around a million day trippers visit Gotha every year and, in addition to Friedenstein Castle, experience the picturesque old town and the Ducal Museum with the top pieces of the Gotha collection.

In 1656, the English Lord Chancellor Oliver Cromwell described the founder of the state of Saxe-Gotha, Duke Ernest the Pious, as "one of the three wisest princes in Europe". The education of his compatriots and the peaceful coexistence of peoples were the life's work for Ernest the Pious, which he also passed on to his descendants. From 1672, the state of Saxe-Gotha-Altenburg had friendly relations with many countries in Europe, Asia and Africa. A special relationship developed with Great Britain, where the first cavalier tour of the Gotha princes led in 1692, and there was not a period until the 20th century when these tours were not continued.

Gotha achieved particular splendour on 17th April 1736 with the marriage of Frederick Lewis, Prince of Wales (1707–1751), and Princess Augusta of Saxe-Gotha (1719–1772). On 4th June 1738, the Gotha princess gave birth to her son George, who became the first king to be born in Great Britain in a very long time. With their nine children, the couple became the progenitors of many princely dynasties in Europe. Augusta maintained close contacts with Gotha throughout her life and inspired her nephew Ernest to create the first English garden on the continent. The work for the English garden began in 1765 and garden architect John

Prächtige Bäume im Herzoglichen Park

Haverfield himself lent a hand in 1769. Today the green and flourishing park, with its pond, which houses the burial island of the dukes and oldest copy of a Greek temple, is a testimony of Gotha-English relations. Close international connections developed not only in garden art, but also in the natural sciences, such as at the world first astronomical congress in Gotha in 1798 or the construction of the first observatory.

The name of the royal family of Great Britain originated in 1817 when Duke Ernest of Saxe-Coburg-Saalfeld married Princess Louise in Gotha. She was the last hereditary princess of Saxe-Gotha-Altenburg, which led to the reorganization of the Ernestine lands in 1826, from which the new state of Saxe-Coburg and Gotha emerged. In 1818 and 1819, Ernest and Louise had two sons named Ernest and Albert. They are the names of the brothers of the House of Wettin, who were reunited after the Altenburg robbery of the princes, but separated in 1485. Therefore, the lines of the Ernestines in Thuringia and the Albertines in

Der Merkurtempel im Englischen Garten

Saxony emerged from the names of their founders.
While Ernest rose to become a promoter of German national unity, his brother Albert married Queen Victoria of Great Britain in 1840. Prince Consort Albert was one of the Queen's most important advisers until his early death in 1861, and he remained closely connected to Gotha throughout his life. Albert was able to realize the ideas he had when he was young, to found a museum together with his brother in Gotha, the "Victoria and Albert Museum", a dream that his brother Ernest only achieved in 1878 with the opening of the Ducal Museum. In 1845, Queen Victoria and Prince Albert made a state visit to Gotha, and after Albert's death in 1862, the Queen visited Friedenstein Castle again.
After the death of Duke Ernest, Alfred, the second eldest son of Vic-

toria and Albert, ascended the Gotha throne in 1893. He was the first English citizen to become head of a German state. He was succeeded in 1900 by his nephew Charles Edward, grandson of Queen Victoria and Prince Albert, who was deposed in 1918.

Scientific relations between Great Britain and Gotha became particularly close when the English cartographer August Petermann came to Gotha in 1854 and revolutionized the world of maps and atlases with his discoveries. International research results were published in "Petermanns Geographical Communications" for around a century and a half. When the collections of the Justus Perthes publishing house in Gotha, one of the greatest geographical treasures in Europe, is explored today, one may view is the largest collection of nautical charts, which is certainly of particular interest for the former sea power England.

Although in 1914 the German Emperor, the English King, the Russian Tsarina and the Duke of Gotha were grandchildren of Queen Victoria and Prince Consort Albert, World War I broke out and it was a major catastrophe of the 20th century. Family ties could not prevent untold suffering, death and destruction being inflicted on humankind. It were planes built in Gotha that dropped bombs on London in 1917 and the name "Gotha Bomber" spread fear and terror in the skies over Great Britain. These attacks and increasing nationalism led King George V of Great Britain to change the family name of the royal house of Saxe-Coburg and Gotha to the current name of Windsor on 17th July 1917. On 13th August 2007, the city of Gotha officially asked for forgiveness for the suffering caused to the English people by bombings from "Gotha planes". In 2001, it was Prince Andreas of Saxe-Coburg and Gotha, the grandson of the grandson of Queen Victoria and Prince Consort Albert, who, through an amicable agreement between all partners, enabled the prosperous development of the world heritage site in the Friedenstein Foundation Gotha.

In the 21st century, peace and togetherness are at the heart of relations between Great Britain and Gotha. Annual language trips take students from Gotha across the English Channel to the island to get to know the country and its people, as well as its politics and culture. Products from Gotha's companies, whether machine tools, car parts and wooden panels, plastics and food, are in great demand in Great Britain. The magnificent old town of Gotha and the many nearby destinations on the trail of common history invite tour-

Die Forschungsbibliothek Gotha, der Bücherschatz der Ernestiner

ists from Great Britain to unforgettable journeys of discovery.
For more than 250 years, there has been a book that connects Great Britain very closely with Gotha. It is the "Gothaische Hofkalender", which has been published since 1763 and has achieved world fame under the name "Almanach de Gotha" or in the short form "Der Gotha". All ruling noble families and their descendants were listed in it. In addition to the German, there was also a French and an English edition. From 1763 to 1944, the calendar was published annually in Gotha in several editions. With the division of Germany, this tradition came to an end, which was resumed in 2015 with the publication of the "Gotha Genealogical Paperback".
The last movement is said to belong to the boy from Gotha, who went to London as Prince Consort Albert of Saxe-Coburg and Gotha. On 28th November 1839, before his trip to London for his wedding, he wrote to his beloved grandmother, Dowager Duchess Caroline Amelie von Saxe-Gotha-Altenburg in Gotha, about his Anglo-German feelings:

"Living for the good of my future new fatherland, sacrificing oneself, does not preclude doing good to the country from which one has received so many benefits oneself. I will not cease to be a loyal Gothaner, while tirelessly striving and working for the country to which I shall belong in the future and where I am called to a high position."

With this in mind, may the future between Great Britain and Gotha blossom!

Zwei Schriften des UNESCO-Weltdokumentenerbes in Gotha

Luthers Freiheitsschrift von 1520

Arabische Handschrift, 1. Hälfte 10. Jh.

Der Autor

Knut Kreuch (1966), Schlosser und Verwaltungsbetriebswirt, beschäftigt sich seit seinem 14. Lebensjahr mit Regional-, Orts- und Landesgeschichte. Von 1998 bis 2006 war Kreuch Bürgermeister der bundesweit prämierten Gemeinde Günthersleben-Wechmar. Seit 2006 ist er Oberbürgermeister der thüringischen Residenzstadt Gotha. Seine Leidenschaften sind Trachten, die Geschichte der Musikerfamilie Bach und die Entdeckung der Gothaer Historie. Er ist im Ehrenamt Vorsitzender des Wechmarer Heimatvereins e. V., Landesvorsitzender des Thüringer Landestrachtenverbandes e. V. und Präsident des Deutschen Trachtenverbandes e. V.

Literatur (Auswahl)

Knut Kreuch: Gotha 1250 Jahre der Weltgeschichte, Gotha 2016, ISBN 978-3-939182-78-8.

Steffen Raßloff: Kleine Geschichte der Stadt Gotha, erschienen im Rhino Verlag, Ilmenau 2016, ISBN 978-3-95560-046-4.

Helga Raschke: Gotha. Die Stadt und ihre Bürger, Geiger Verlag, Horb 1992, ISBN 389264-725-9.

Knut Kreuch/Alexander Krünes: Gotha. Deine Waende, Gotha 2020, ISBN 978-3-947492-15-2.

Martin Eberle: Das Barocke Universum Gotha, Stiftung Schloss Friedenstein, Gotha 2009, ISBN 978-3-940998-10-1.

Impressum

3. Auflage 2026
ISBN 978-3-95976-389-9

Hauptstraße 102 b
88161 Lindenberg i. Allgäu
www.kunstverlag-fink.de

Fotos:
Carlo Böttger, Elsteraue

Stadtplan:
mr-Kartographie, Gotha

Layout & Gestaltung:
plmedia, Peter Langhammer, Kempten/Allgäu

Korrektorat:
Carolin Völk, Windach

Gedruckt in der EU.